Harvard Business Review Press

レジリエンス

ハーバード・ビジネス・レビュー編集部 編
DIAMONDハーバード・ビジネス・レビュー編集部 訳

ダイヤモンド社

JN229252

Emotional Intelligence
EIシリーズ

Harvard Business Review
Emotional Intelligence RESILIENCE

RESILIENCE

HBR Emotional Intelligence Series

by

Harvard Business Review

Original work copyright © 2017 Harvard Business School Publishing Corporation

All rights reserved

Published by arrangement with Harvard Business Review Press, Brighton, Massachusetts

through Tuttle-Mori Agency, Inc., Tokyo

レジリエンス　RESILIENCE　目次

001
［日本語版に寄せて］
レジリエンスは関係性のなかに宿る
岡田美智男　豊橋技術科学大学情報・知能工学系教授

013
1
レジリエンス（再起力）とは何か
ダイアン・L・クーツ　『ハーバード・ビジネス・レビュー』（HBR）シニアエディター

041
2
日常的なストレスから身を守る簡単エクササイズ
ダニエル・ゴールマン　心理学者

3 自分のレジリエンスを評価、管理、強化する方法 047
デイビッド・コパンズ PFループ創業者兼CEO

4 人生の悲劇から立ち直る力 055
シェリル・サンドバーグ フェイスブックCOO
アダム・グラント ペンシルバニア大学ウォートンスクール教授
アディ・イグナティウス『ハーバード・ビジネス・レビュー』（HBR）編集長

5 レジリエンスに必要なのは、忍耐ではなく回復のための時間 081
ショーン・エイカー ポジティブ心理学者
ミシェル・ギラン コンサルタント

6 リーダーのレジリエンスを高める四つの戦略 091
ロン・カルッチ ナバレント共同創設者

7 地に堕ちたリーダーはいかに復活したか 099
ジェフリー・A・ソネンフェルド イェール大学経営大学院副学部長
アンドリュー・J・ウォード ジョージア大学助教授

8 フィードバックで受けたショックから立ち直る方法 135
ジョゼフ・グレニー 社会科学者

9
キャリアの成功に欠かせないレジリエンス「三つの要素」 147
ローラ・モーガン・ロバーツ ジョージタウン大学教授
アンソニー・J・メイヨー ハーバード・ビジネススクール上級専任講師
ロビン・イーリー ハーバード・ビジネススクール教授
デイビッド・トマス モアハウス大学学長

注 171

［日本語版に寄せて］

レジリエンスは関係性のなかに宿る

豊橋技術科学大学 情報・知能工学系 教授
岡田美智男

思いもしない吉報が届いたかと思えば、いささか凹んでしまうようなことにも出会う。人間万事塞翁《さいおう》が馬、禍福《かふく》とは予測できないものらしい。先日も、あるお祝いの会に出席した帰りに、ちょっとした不運に見舞われてしまったのだ。

帰りの新幹線に間に合わせようと、タクシーを探すも、なかなかつかまらない。ようやくタクシーに乗り込んだのだけれど、思いのほか道は混んでいる。「これで間に合うのだろうか……」、ジリジリと時間だけがすぎる。あと数分というところでタクシーを降り、改札を抜けて、ホームへとダッシュ。「よし、これでいけるぞ！」との期待むなしく、その新幹線はすーっと走り出してしまったのだ。「えっー、そんなぁ……」である。

「まぁ、今日中にたどり着ければいいのだから」と気を取り直し、次善策を探る。この後の新幹線に乗れば、なんとか終電には間に合いそうなのだ。ようやく新幹線のシートに腰を下ろすことができ、気持ちを落ち着かせる。まぁ、そこまではよかったのだ。新幹線を降りて改札を出ようとしたら、「あらっ、エクスプレス・カードがないぞ」とばかり、先ほど改札でタッチしたはずのカードが見つからない。ズボンのポケット、カバン、財布のなかを探してみるも、出てこない。で、あえなく降参ということに。駅員さんに事情を説明し、なんとかそこはスルーできたのだ。けれども、もたついている間に乗り換えるはずの終電まで逃してしまった。その後は推して知るべし、だろう。

電車を二度も逃したこと、その日にたどり着けなかったこと。これらは数日も経てば忘れてしまう。でもカードの紛失というのは後味が悪いものだ。再発行までの二週間、新幹線を利用するたびにブルーな気持ちになる。でもどうなのだろう。怪我をしたわけでも、職を失うことになったわけでもない。これはこれでよしとしなければならない。とても些細なこと、小さいことなのだ。

レジリエンス。不運が重なり、心が折れそうになっても、なんとか踏みとどまる力。打たれ強さとか、挫《くじ》けない精神。逆境から立ち直る「しなやかさ」のようなもの。私たちのみならず、浮き沈みを伴いつつ、生き延びようとする企業やそのマネジメントにおいて、とても大切な資質なのだろうと思う。どうしたら、苦境に耐え、乗り越える力を備えることができるのか。どのようにしてレジリエンスを高めたらいいのか。

本書は、ビジネス誌『ハーバード・ビジネス・レビュー』などから、「レジリエンス」に関連する論考や記事を厳選し、編集・翻訳されものである。詳しい内容は、以降の各章を読んでいただくとして、ここではレジリエンスのもう一つの側面について考えてみたい。レジリエンスは「再起力」や「強靭さ」などとも訳されるけれど、私たち個人に備わった能力や資質として捉えてしまっていいものなのか。環境に対する適応力、そしてしなやかさ。確かに個人の資質でもあるけれど、むしろ周囲との関係性のなかに立ち現れる性質なのではないか。それはどういうことなのだろう。

ロボットのしなやかな歩行

レジリエンスという言葉は、ビジネスやマネジメントの分野に限らず、一般的な領域でも使われるものだ。私の職業柄か、すぐに思い浮かぶのはロボットの二足歩行だろうか。ホンダのアシモなど、ちょうど二〇〇〇年を超えたあたりから、ロボットはとてもしなやかに歩けるようになった。軽くステップを踏み、小走りする。段差などもなんなく越えてしまうのだ。最近の話題は、ボストン・ダイナミクス社のビッグドッグ、そしてスポットだろう。軍事目的もあり、不整地での荷物の運搬を想定したものらしい。驚くことに、人がいたずらで蹴飛ばしてみるも、その体勢をすぐに立て直してしまう。まさに「強靭さ」「再起力」と呼ぶにふさわしいのだ。

このしなやかな動作は、どのようにして生まれるものなのか。その様子を外から見ていたのでは、なかなかわかりにくい。レジリエンスという言葉のわかりにくさも、そんなところにありそうだ。他の人の振る舞いはとてもしなやかで逞しいものに思える。だから、「自分も、強靭な身体、そして精神を鍛え上げねばならぬ」との気持ちに陥りやすい。しかし、アシモの開発において肝となったのは、「まぁ、あまり動作を作り込むことなく、半ば地面に委ねてしまおう！」というシンプルなアイデアだったのだ。

不整地歩行するロボットの開発は、長い間の懸案であり、手ごわい問題だった。倒れずに歩き続けるにはどうすればいいのか。おっかなびっくり、慎重に一歩を進める。でも身体を強張らせていてはとても脆い。不整地にあっては、容易にバランスを崩して倒れてしまう。

試行錯誤のなかで見出されたのは、むしろ地面を味方にしてしまおうということ。地面に倒れ込むように一歩を踏み出す。わずかにバランスを崩すけれども、地面からの抗力を受けて、その場その場で動的にバランスを維持する。前のめりにバランスを崩すなら、ちょっと強く踏み込むと、そのバランスをなんとか保てるのだ。

実環境で生じるすべての事態に対して、あらかじめ備えておくのは現実的でない。動物のしなやかな動きから学びつつあるのは、「さまざまな状況に適応したければ、作り込みを最小にせよ。多くは環境に委ねよ！」ということである。身体に備わる多数の運動自由度を半ば環境に委ねつつ、その制御や判断を身体の各部位に分散させる。環境の変化を外乱として嫌うのではなく、むしろ拘束条件として運動自由度を上手に減じるために利用する。周囲の環境までも味方につけ、不確定な環境を織り込みながら、上手に折り合いをつけていく。自らのなかにすべてを抱え込むのではなく、シンプルなものに抑えつつ、むしろ周囲に支えてもらう。こうした「チープデザイン」という方略は、動物たちが生態系で生き延びていくための肝でもあったのだ。

自らの弱さを認め、それをさらけ出してみる

このチープデザインに依拠したロボットは、私たちの身近なところですでに活躍しているのをご存じだろうか。いわゆる、お掃除ロボットである。初期のものは、とてもシンプルで、その制御方法も大雑把なものだった。基本方針は、先ほどの「さまざまな状況に適応させたければ、多くは環境に委ねよ！」である。

一般家庭での使用にあっては、本来は様々な事態を想定しておく必要がある。乳幼児にぶつかり、怪我をさせることはないか。蚊取り線香を倒して火災を引き起こすことはないか。それらを一つひとつ網羅し、予測するのは無理というものだろう。

お掃除ロボットでは、チープデザインの教えに従い、ひとまずまっすぐに進んでみる。部屋の壁にぶつかり、それ以上は進めないと判断するや、すかさず進行方向を変え、その壁に背中を押されるように、新たな方向へと進むのだ。どこか行き当たりばったりに思えるけれど、こ

れはこれで理に適っている。「自らの力だけでなんとかしなければ」という拘《こだわ》りを捨て、むしろ周囲を味方にしていたのだ。複雑な環境では、周到に準備されたプランはあまり役にたたない。むしろ柔軟性を削いでしまうようなのだ。

もう一つ興味深いのは、テーブルの脚や椅子、ソファーなどの「障害物」との関わりだろうか。それらはロボットの進行を妨げるものだけれど、どうも様子が違う。それらと絡むようにして、ちゃっかり新たな方向を見出し、部屋のなかをまんべんなくお掃除してしまうのだ。目の前の「障害」とうまく対峙し、素早くチャンスに転換してしまう。本書の第9章では、これを「敏捷性」（アジリティ）、また第1章では「ブリコラージュ」と呼んでいるものだ。そこでは多く運動自由度、つまり選択肢が用意されていることがポイントになる。多様な環境下にあって、「ここはOption B」、「ここはOption C」としなやかに、その場に応じてオリジナルな解決策を組み立ててしまうのだ。

このロボットが一般家庭などの実環境でまだ生き延びることができているのは、その愚直さや素直さもポイントの一つなのだろうと思う。「人にぶつかったら、危ないのではないか」という心配を余所に、愚直に部屋の壁に向かって突き進む。「ぶつかるのを承知で、なぜコイツは壁に向かっていくのか」といつも思うけれど、自らの能力の限界を素直に認め、それを隠すことなく、偽ることなく、さらすことを徹底している（これは「オーセンティシティ」とも呼ばれる。第9章を参照）。この姿勢が周囲の人からの応援をも引きだしてしまう。

人にぶつかり、怪我をさせることが少ないのは、幾重もの安全装置を備えているからではなく、むしろ周囲の人たちが気を使い、上手に避けてくれるからだ。床の上の障害になりそうなものを先んじて取り除いてあげる。「コードを巻き込んでは大変！」と、スイッチを入れる前にコード類を束ねてあげる。そんな気遣いや優しさを引きだすのだ。

私たちは、これまで〈弱いロボット〉という研究を進めてきた。「すごい、すごい！」といわれるロボットや人工知能も、弱いところ、不完全なところはたくさんある。いつも強がるばかりでなく、自らの弱さを認め、それをさらけ出してみてはどうかというわけだ。そこに私たちの入り込む余地が生まれ、その関わりのなかで、お互いの〈弱いところ〉を補いあい、その〈強み〉を引き出しあうことができる。人とロボットとの間で、しなやかで、レジリエントな関係を生み出すのだ。

依存先を増やすこと、分散させておくこと

さて、ここまではロボットに当てはめながら考えてきたのだけれど、実は私たちの日々の行動も例外ではない。大きな地震に見舞われて、屋外に避難するという状況を考えてみよう。そうしたとき、誰の手も借りずに、ひとりで行えているわけではない。地震でエレベーターがストップするなら階段を使う。停電で階段が暗ければ、その壁や手すりを頼りに移動する。これもブリコラージュの一つだろう。

「依存先の分散としての自立」の考えを唱える熊谷晋一郎氏によれば、「自立するとは、誰の手も借りずに、ひとりで行えること」ではなく、むしろ「その依存先を増やすこと、それを分散させておくこと」なのだという。このことは「レジリエントな行動を生み出すのは、用意周到なプランではなく、むしろ多くの選択肢や運動自由度の存在、そして環境の変化さえも味方にしてしまう敏捷性にある」とする考えに近いものだ。

ここで注意したいのは、レジリエントな行動をとれるか、どうか。それを個人の能力や資質として帰属させやすいことだ。敏捷性を備えるかどうか、これは確かに個人や組織の資質だろ

う。しかし、身のまわりに豊かな依存先（＝多様なオプション）が用意されていること。それがレジリエントな行動を生み出す要でもある。「障害の個体モデル」と「障害の社会モデル」に対応した、「レジリエンスの社会モデル」があってもいい。不運が重なり、心が折れそうなとき、それを支えるしなやかなシステムや社会的インフラのデザイン、まわりの人の心配りもとても大切なものに思えるのだ。

＊　＊　＊

はじめに述べた「思いもしない吉報」とは、ある学術的組織の選挙での番狂わせのことだった。一人の候補者の応援をするも、その準備不足は否めない。出遅れたばかりでなく、対立候補者のビジョンもプレゼンもパーフェクト！　非の打ち所がない。「これでは勝てるはずがないじゃないか」というわけだ。

でも、世の中は捨てたものではないと思う。ちょっとだけ隙のある候補者のプレゼン、それと日ごろからの人望の厚さが功を奏したようだ。「私も微力ながら」と多くの人の応援を引き込んでしまったのだ。パーフェクトなビジョン、そして改革プランの提示はリスペクトすべきものだが、そこに私たちが参加する余地はあまり残されていない。そのプランに一方的に振り回されてしまう予感もした。

頭をかすめたのは、鷲田清一氏の『しんがりの思想』のなかにあった、「強すぎるリーダーシップは、時として構成員のパフォーマンスを挫くことにならないか」という一節である。やはりリーダーシップとフォロワーシップとのバランスが欠かせない、そし自分らしく、オーセンティックに行こうということだ。そんなこともあって、私たちの応援していた候補者は僅差で押し切ってしまった。しなやかな勝利である。

ついでながら、これも白状してしまおう。いつも原稿を書き上げるのは綱渡りの連続だ。「締め切りがどんどん迫ってくる。うーダメだ、書けない」、そんなストレスフルな状態では、なかなか文章が続いていかない。この逆境下にあって、つい足を向けてしまったのが、例のお祝いの席だったのだ。ちょっとした高揚感もあり、いい感じで飲んでしまった。で、二つの電車の乗り遅れとカードの紛失である。なんとも褒められたものではない。いまでもカードは手元に戻っていないのだ。

でも禍福はあざなえる縄の如し。こうして原稿も完成に近づきつつある。ほとんど奇跡に近いものだ。「あと少し、なんとか締め切りを延ばしてもらえないものか……」、このドキドキしつつも相手に半ば委ねた感じというのは、私自身のレジリエンスを保つ意味でとても大切なものだった。そう、「レジリエンスは〈弱さ〉のなかに宿る」、「レジリエンスは関係性のなかに宿る」のである。

1

レジリエンス（再起力）とは何か

ダイアン・L・クーツ
Diane L. Coutu

"How Resilience Works,"
HBR, May 2002.

人間に潜む不思議な力

　私はある全国紙の記者として、ジャーナリストのキャリアを歩み出した。私の職場には、クラウス・シュミット（仮名）という男性がいた。年齢は五〇代半ばで、私の目に「これこそ新聞記者」と映る人物だった。

　時たま皮肉っぽいが、飽くなき好奇心と才気にあふれ、ちょっとしたユーモアも持ち合わせていた。彼は、一味違う巻頭記事や特集記事を何度も書いており、しかも、そのスピードと文章力たるや、私には夢のようなレベルであった。にもかかわらず、彼がいっこうに編集長に昇格しないことがいつも不思議だった。

　クラウスをよく知る人は、彼が新聞記者として頭抜けているだけでなく、才能ある者をやっかみがちな職場でも生き残れる典型的なタイプと見なしていた。

　編集部の幹部は三回にわたって大幅に入れ替わったが、クラウスだけは生き延びてきた。ただしその間、親友や同僚のほとんどを失うこととなった。一方、家庭はというと、二人の子どもが不治の病に冒されており、また交通事故で一人を亡くしていた。

こんな状況にもかかわらず、あるいはだからこそか、彼は来る日も来る日も編集部内を歩き回っては、若い記者たちを指導したり、自分の書いている小説について語ったりと、これから起こることを心配するどころか、むしろ楽しみにしているかのようだった。

なぜ、誰もが臆するような困難に直面してもくじけない人がいるのだろうか。まったく様子の異なるクラウスというものも想像できなくはない。実際私たちはそのような人を絶えず見てきている。解雇されてから自信を取り戻せない人、離婚後うつ状態が続き、普通の生活から数年間離れなければならなかった人、等々。

その一方で、人生を切り抜けていく「レジリエンス」(resilience:再起力)を備えた人たちがいる。それはなぜか。

これこそ、小学校で初めてホロコーストの生存者について聞いた時から、私をとらえて離さない疑問である。私はまず大学で、後にはボストン・サイコアナリティック・ソサエティ・アンド・インスティテュート(BPSI)の客員研究員としてこの問題に取り組んできた。そしてここ数カ月前から、この問題に改めて取り組むこととなった。

それは、二〇〇一年九月一一日の爆破テロ事件、それに続く戦争、リセッション等によって、レジリエンスを理解することが、かつてないほど重要に思えてきたからだ。その際、個人と組織の両方を調査の対象とした。なぜ特定の人や組織は押しつぶされてしまうのだろうか。逆に、なぜ一時的に屈することはあっても、またすぐ回復できるのだろうか。

この問題を完全に解明するのは難しいが、あれこれ調べていくにつれて、いろいろなことがわかってきた。レジリエンスとは、創造力や宗教観などと並んで、人間の根本において最も不可解なものなのだ。心理学の研究成果について子細に調査し、レジリエンスに関連する話を数多く聞き、これらを繰り返し熟考するにつれて、クラウス・シュミットのような人の心理や理性を以前よりも深く理解するに至った。そしてそれは、人間の精神を探求することでもあった。

環境適応力の高い人の共通点

レジリエンスは、産業界でも最近よく取り上げられる話題である。少し前、私はある名の通ったコンサルティング会社のシニアパートナーと、いかに優秀なＭＢＡホルダーを獲得するかについて話をしていた。

この業界にとって優秀な人材の獲得はまさに勝敗の分かれ目でもある。パートナーであるダニエル・サバコー（仮名）は、求められる資質について、知性や野心、誠実さや分析力といった要素を語った。

「レジリエンスはどうですか」と私は尋ねた。そして彼は次のように答えた。

「ああ、最近よく話題になります。新しいバズワードですね。面接に来た人のなかには『自分はレジリエンスがある』なんてわざわざ言う人もいますよ。しかし率直に言って、彼らは自分を知るには若すぎますね。レジリエンスは経験を通して初めて、自分に備わっているかどうかがわかるものでしょう」

「可能ならば、あなたはその点について彼らにテストしますか。さらに言えば、これはビジネス上、重要なものでしょうか」と私は再び尋ねた。

彼はしばらく考え込んでいた。四〇代後半の男性で、私生活でも仕事でも成功を収めている。とはいえ、これまでの道程はけっして平坦ではなかった。

サバコーはロードアイランドのウーンソケットという町で、貧しいフランス系カナダ人の家庭に育った。父親は彼が六歳の時に亡くなっている。彼はフットボールで奨学金を得るという幸運にも恵まれたが、飲酒が原因で二度もボストン大学を追い出されている。二〇代の間は人生をさまよい、結婚、離婚、再婚をたどりながら、五人の子どもを養育している。その間、二度財を築いたものの、いずれも失っている。その後、コンサルタント会社の設立に参画し、現在その経営の一端を担っている。

しばらくしてサバコーは「ええ、それは大事ですね」と口を開いた。「実際問題として、私たちが一般的に求めている資質よりも、たぶん重要でしょう」。その後、私はこのような意見を、本稿を執筆する過程で何度となく聞くことになる。

アダプティブ・ラーニング・システムズの社長兼CEOのディーン・ベッカーは、レジリエンスの開発プログラムを開発し、商品化した。その彼は次のように語る。

「学校教育や経験、トレーニング以上に、その人の持っているレジリエンスが成否を決める要因となります。がん病棟でも、オリンピックでも、企業でもそれは変わりません」

レジリエンスの研究は、ミネソタ大学の名誉教授を務めたノーマン・ガーメジーを先駆者として、二〇世紀半ばに始まった。彼は、統合失調症の親を持つ子どもの多くが、なぜ親と一緒に生活しながら、成長する際に同じ病にかからないのかを研究した。その結果、以前に考えられていた以上に、ある種の再起力という精神上のものが、健康に大きな役割を果たしているという結論を打ち出した。

今日、レジリエンスに関する理論は膨大にある。BPSIの前所長であるモーリス・バンダーポルはホロコースト体験者について研究し、健康に支障をきたすことなく強制収容所をくぐり抜けた生存者たちに、彼が「プラスチック・シールド」（プラスチックの楯）と呼ぶ性質が備わっていることを発見した。

この楯は、ユーモアのセンスなど、いくつかの資質から成る。それは、概してブラックユーモアであることが多いが、状況の全体像を把握するうえで大変有用である。そのほか主だった資質としては、他者に愛着を抱く能力や、暴力的な他者の侵入から自衛を図るような心的機能などを挙げている。

他の研究は、レジリエンスの別の側面を明らかにしている。ミネアポリスに拠点を置く非営利団体サーチ・インスティテュートは若者との関係に焦点を当て、レジリエンスの高い子どもは、自分を支援するよう大人を仕向ける不思議な力を備えていることを発見した。

さらに別の研究は、都会のスラム街のようなところで育った若者がレジリエンスを発揮する場合、人を引きつける能力のようなものを備えている傾向が強いと指摘されている。

当初の理論では遺伝の役割が強調され、単に「生まれながらにしてレジリエンスを備えた人がいる」という前提で議論が展開されてきた。たしかにそのような側面もある。しかし実証研究の多くが、子どもであれ、強制収容所の生存者であれ、危機的状況から回復した事業であれ、レジリエンスは学習できることを示している。

たとえば、ハーバード・メディカルスクールの成人発達学のディレクター、ジョージ・バイラントは、六〇年間にわたって多種多様なグループを研究した結果、レジリエンスが明らかに向上した人が存在することを観察している。また、もともと備わっている人よりもそうでない人のほうが、よりレジリエンスを強化しやすいと主張する心理学者もいる。

私が研究を通じて知りえた理論のほとんどが良識的な部類に属するものであり、そこには三つの共通点があると考えられる。つまり、レジリエンスの高い人は三つの能力を宿している、という仮説が成り立つ。それらは、次のようなものである。

①現実をしっかり受け止める力

②「人生には何らかの意味がある」という強い価値観によって支えられた、確固たる信念
③超人的な即興力

たしかにこれらの能力が一つや二つあれば困難を乗り切れよう。ただし、本当にレジリエンスがあるという意味においては、これらの三要素すべてが必要なのだ。また、レジリエンスの高い組織について考えた場合も同様である。では、これらを一つずつ見ていくことにしよう。

現実を直視するために必要なこと

レジリエンスは楽観的な性格ゆえのものと考えられがちである。楽観的な性格が現実を見る目を歪めない限り、それは間違ってはいない。しかし裏目に出てしまうと、バラ色の考えも悲劇を招く可能性すらある。

この点を見事に突いているのが、コンサルタントで作家のジム・C・コリンズである。いかなる平凡な企業でも変革できるのかについて書かれた『ビジョナリー・カンパニー2 飛躍の

法則』（注1）を執筆するにあたり、あれこれ研究を進めていた時、彼はこの考えに遭遇した。

コリンズは、レジリエンスの高い企業が楽観的な人々で構成されていると直感した（これは間違っているのだが）。自らの直感を検証すべく、ベトナム戦争でベトコンに捕らえられ、八年間も虐待を受け続けたジム・ストックデール将軍について考察した。

コリンズは次のように回想している。「私はストックデールに尋ねた。『最後まで耐えられなかったのは、どういう人ですか』。すると彼は『それは簡単に答えられます。楽観主義者です。そう、クリスマスには出られると考える人たちです。クリスマスが終わると、復活祭までには出られると考える。次は、七月四日の独立記念日で、その次は感謝祭。そして、またクリスマスが……』と答えた。そして、ストックデールは私に向き直って言った。『失望が重なると死んでいくのではないでしょうか』と」

コリンズの研究によると、産業界で大成功している企業の幹部のほとんどが同様の平然さを有しているという。すなわち、ストックデールのようにレジリエンスの高い人は、生死に関わる現状について、冷静かつ現実的な見解を持っているのである。

だからといって、楽観主義が無用というわけではない。たとえば、士気が低下した営業部隊の雰囲気を変えるには、「可能性」という魔法を使うのも一策である。ただし、より大きな課題の場合、悲観的とも言える冷静な現実感がより効果的なのだ。

自問自答してみよう。「私は本当に現実を理解し、受け入れているのか。また自分の組織はどうなのか」と。これは大変有意義な質問である。なぜなら、ある調査によれば、大方の人がそんなことは当たり前だとして、目をそむけているからである。

現実を直視し、それに向き合うのはまったくもって難しい。実際に不愉快で、しばしば苦痛を伴う。

モルガン・スタンレーの徹底した現実主義

組織のレジリエンスに関して、別の事例を考えてみよう。現実に向き合うとはいかなることか、見てみたい。

世界的投資銀行のモルガン・スタンレーは、二〇〇一年九月一一日まで世界貿易センターの最大のテナントだった。約二七〇〇人の従業員が、南棟の四三階から七四階までの三二階分を使って働いていた。

あの恐怖の日、午前八時四六分に最初の飛行機が北棟を直撃した。モルガン・スタンレーでは、一分後の八時四七分に脱出を開始した。二機目が南棟に衝突した一五分後には、オフィスはほとんど空っぽになっていた。直撃された場所のすぐそばだったにもかかわらず、七人の従業員を失うにとどまった。

もちろん、オフィスが二番目に直撃された南棟にあったという幸運もある。キャンターフィッツジェラルド証券は最初の直撃を受けた北棟にあり、従業員を救うことなどとうてい不可能だっただろう。その点を考慮すべきとはいえ、モルガン・スタンレーが執拗なまでの現実主義を備えてきたおかげで、この運を活かすことができたのは確かである。

遡ること一九九三年、世界貿易センターに対する攻撃（地下駐車場を爆破）の直後から、同社の経営幹部は、米国経済の象徴とも言えるこのビルにオフィスを構えていることは、テロの対象になりやすいと真剣に認識するようになった。この真摯な認識から、現場レベルで対策プログラムを立ち上げた。だがこの時点で、同じビル内で火災訓練を真剣に考えている企業はほとんどなかった。

同社の個人投資家グループのセキュリティ担当副社長リック・レスコーラは、職場に軍規を持ち込むこととした。彼はベトナム戦争の退役軍人として高い再起力を持っており、勲章を受けた人物でもある。以来、大災害に巻き込まれた時、人々が何をすべきかを徹底的に訓練した。

九月一一日に不幸が襲った時、ビル管理者は心配無用と言っているにもかかわらず、レスコーラは拡声器を片手に、落ち着いて訓練通り行動するよう、社員に呼びかけた。不幸なことに、レスコーラ自身は脱出できなかった七人のうちの一人となり、生前の話が数カ月にわたって多くの記事で取り上げられた。

「技術への依存度が高い金融ビジネスの場合、万一に備えることがビジネスの過半数を占めるようになる」と社長兼COOであるロバート・G・スコットは言う。事実、モルガン・スタンレーは、最も厳しい現実への備えが万全だった。いまの職場が使えなくなった時、従業員が一堂に集まって執務できる予備オフィスを三つも確保していたのだ。

「予備オフィスを複数持つことは、九月一〇日時点では信じられない、突飛なものだった」とスコットは言う。「しかし、九月一二日には、それが天才的と評された」

おそらく天才だったのだ。間違いなく、そこにはレジリエンスが働いていた。現実を直視した時、私たちは異常ともいえる困難に耐え、生き延びようと準備する。その結果、生き延びる術が身につくのである。

困難な状況でも、前向きな「意味」を見出す

現実を直視する能力は、レジリエンスに関する二つ目の能力とも深く関係している。それは、大事に遭遇した時でも何らかの「意味」を見出せる気質である。

差し迫った状況に直面すると「何でこんなことが自分に降りかかってきたのだろう」と嘆き、あきらめてしまう人がいる。自分自身を被害者と考えてしまう人々であり、困難に直面しても何も学ばない人たちである。しかしレジリエンスの高い人は、自分自身や他者にとっての意味を見つけ、困難な状況を概念化しようとする。

私には、ジャッキー・オイソー（仮名）という友人がいる。彼女は一〇年にわたって、原因不明の双極性障害に苦しめられてきた。今日、彼女は大手出版社の要職にあり、家族もおり、教会でも中心的な存在である。

どうやって危機的状況から立ち直ったのかを尋ねると、彼女は髪に手をやりながら言った。

「人々はよく、『なぜ私がこんなつらい目に遭うのか』と言います。しかし私は、『なぜ私じゃいけないの』と言ってきました。たしかに、病気の間に多くのものを失いました。けれども、最も悲惨な状況のなかで、失うこと以上に多くの素晴らしい友人にめぐり会い、私の人生に意味を与えてくれました」

この意味を紡ぎ出す作業が橋渡しとなって、レジリエンスの高い人の多くが、つらかった今日から充実した明日を確立している、と多くの研究者は主張する。その橋が、困難な現状でも対処可能とし——あまり適切な表現ではないかもしれないが——「この状況はどうにもならない」という感覚を払拭させるのである。

ヴィクトール・E・フランクルの「ロゴ・セラピー」

オーストリアの精神科医であり、アウシュビッツの生存者であるヴィクトール・E・フランクルが、この考え方を見事に説明している。彼は苦難の人生を歩んだ末に、「ロゴ・セラピー」を発見した。ロゴ・セラピーとは、人間性を重視した精神療法で、個人が人生に意義を見出すのをサポートするものである。

フランクルは、自著『生きる意味の探求』(注2)（未訳）のなかで、強制収容所でロゴ・セラピーがひらめいた瞬間について記している。

ある日、作業に向かう途上、彼はタバコをスープと交換すべきかどうか迷っていた。そして、とても残忍な新監督の下、仕事はどうしたものかと思いをめぐらせた。突然彼に、何て矮小で、何て意味のない人生になってしまったのだという嫌悪感が込み上げてくると同時に、生きていくには目的が必要であると気づいた。

その時フランクルは、戦争が終わったら自分の体験をみんなに知ってもらうために、強制収容所で過ごした時の心理状態について講義している自分の様子を想像するようにした。この先、生き残れるかすらわからなかったが、とにかく具体的な目標を設定した。そうすることで、自らをその場の苦難より一段上に置くことができた。

彼は著書のなかで次のように言及している。「どうしようもない状況にあっても、変えようもない運命に直面しても、我々は人生に意味を見出せることを忘れるべきでない」

フランクルの理論は、レジリエンスを養うビジネスコーチングの基礎となっている。このように彼の研究はビジネスの場面でもよく引き合いに出されるが、とても印象深い話である。

「我々が『ハーディネス』（耐久力のようなもの）と名づけたレジリエンス・トレーニングは、人々が日常生活に何らかの意味を見出す一助となる」と説明するのは、サルバトール・R・マッディだ。カリフォルニア大学アーバイン校の心理学の教授であり、カリフォルニア州ニューポートビーチにあるハーディネス研究所のディレクターを兼務している。

「このトレーニングの威力を知ると、皆、次のように尋ねてきます。『先生、これが心理療法というものですか』と。しかし心理療法とは、人生が破壊され、修復が必要な人たちのためのものです。我々の仕事は、人々に生活するためのスキルや姿勢を教えるものです。そういうことは、本来家庭や学校で教えるべきですが、現実にはなされていません。だから、我々がビジネスとして提供しているのです」

トレーナーが直面する課題は、想像以上に厄介なものが多い。そもそも理解しにくいうえ、見つけても忘れるというイタチごっこになりやすいからだ。

アレクサンドル・ソルジェニーツィンの例を考えてみよう。彼は強制収容所での獄中生活や強制労働に耐え、がんを克服した。国外追放の憂き目を見た後に欧州を経て米国に移住した。しかし、平和で安全なバーモント州の農場に移った時、「米国西部特有の無邪気さ」に我慢できなかった。そこで感じたのは、やぶれかぶれで無責任な奔放さであり、そこに何の意味も見出せなかった。

彼は自分を評する人たちに心乱された末、ついにはフェンスに鍵をかけ、家に引きこもり、公の場にほとんど姿を現さなくなった。そして一九九四年、母国ロシアに帰還した。

組織には価値観の有無が問われる

置かれた環境から意味を見出すことが、レジリエンスの重要な側面である。当然ながら、成功した組織や人々の多くが強い価値体系を持っている。強い価値観は、出来事を解釈し、これを概念化するうえでの指針となり、それゆえ環境には何らかの意味が与えられる。

最近では価値観を軽んじる傾向がある。世界中で最も再起力の高い組織がカトリック教会であることは疑いようがない。カトリック教会は不変の価値観に強く支えられ、二〇〇〇年以上にわたって、戦争や汚職、分裂を超えて生き残ってきた。

永続するビジネスを見ても、そこには信条があり、それが単に金を儲ける以上の目的となっている。実際、多くの企業が、自らの価値観を宗教用語で表現している。

ジョンソン・エンド・ジョンソンでは、自らの価値体系を「クレド」（信条）と呼び、すべての新入社員がオリエンテーションで受け取る資料に記載されている。また、ユナイテッド・パーセル・サービス（UPS）は、絶えず「高潔なる目的」（Noble Purpose）について語っている。

レジリエンスの高い企業の価値体系は、長く不変であり、大事の際の拠り所となる。UPSの会長兼CEOマイク・エスキューは、多くの苦難を強いられた一九九七年のストライキの後、再び会社を盛り返していくうえで、高潔なる目的が大いに役立ったと語る。

「事態はこじれにこじれた家庭不和のようでした。友人がそれぞれの陣営にいて、どちらの肩を持つのも悩ましい状況でした。その時、我々を救ったのが高潔なる目的です。どちらの立場にあろうと、全社員に共通の価値観が浸透していました。価値観は依然中核に据えられており、それが多くの意思決定を左右しました。我々の戦略や使命は変わるでしょうが、価値観は変わりません」

とはいうものの、「信条」「価値」「高潔なる目的」といった宗教色の強い言葉を、現実の価値と混同すべきでない。たとえば、倫理的に問題のある価値観を持った企業でも、レジリエンスを備えていることがあるのだ。

フィリップモリスについて考えてみよう。その人気が低迷するなかでも、この企業は類まれな再起力を見せている。コリンズが指摘するように、フィリップモリスにはきわめて強力な価値観が存在する。ただしそのなかには、私たちが必ずしも賛同できないものも含まれている。たとえば、「大人の選択」といったものだ。

しかし、間違いなく同社の幹部はその価値観を強く信奉しており、信奉心の強さが他のタバコ会社と一線を画す存在となっている。この文脈に限れば、再起力が倫理的な善し悪しと無関係であることが特筆できよう。

レジリエンスとは、ストレスが高まる変革期でもひるむことなく頑健であるために必要なスキルであり、また一能力にすぎない。フランクルはこのように書いている。

「だいたいにおいて、何年もの間、囚人たちは収容所から収容所へと転々としているが、遠慮会釈ない者だけが生き残った。あらゆる手段に訴える気構えがあり、自らを救うという点で正直であり、また残忍ですらあった。事実、生存者たちは、良識のある人たちが生き残れなかったことを知っている」

組織についてまとめるならば、レジリエンスの高い従業員の存在よりも、価値観のほうが重要である。レジリエンスの高い従業員がさまざまな方法から現実を理解すると、自らの決断や行動は現実と矛盾することとなり、かえって組織の存続を危うくする。

また組織の弱体化が明らかになると、きわめてレジリエンスの高い個人は、自らの生き残りを危うくするくらいならば組織を見捨てる。

手近なものを即興で間に合わせる「ブリコラージュ」の能力

レジリエンスに関わる三つ目の能力は、手近にあるもので間に合わせる能力である。フランスの人類学者クロード・レヴィ＝ストロースの教えに従い、心理学者はこのスキルを「ブリコラージュ」と呼んでいる。その語源には文字通り「すぐに回復する」という意味があり、レジリエンスの概念と密接に関係している。レヴィ＝ストロースはこのように述べている。「ブリコルールという動詞は、古くはボールが跳ね返るとか、犬が迷うとか、馬が障害物をよけるとか、いずれも非本来的な運動を指していた言葉である」（注3）

今日的な意味でのブリコラージュは、一種の独創的な能力であり、必要なツールや素材が手元になくとも、問題解決策を即興的につくり出せる能力と定義される。

ブリコラージュの能力を備えた人は、ガラクタを修繕するのが得意である。家財道具からラジオを組み立てたり、車を直したりする。本来の使用方法にはとらわれず、ある物で何とか間に合わせようと、いろいろな使い道を試行する。

たとえば、強制収容所では、レジリエンスの高い囚人は、ひもやワイヤーを見つけては拾っていた。後で役に立つかもしれないからだ。凍えるような寒さのなかでは、それで靴が直せれば、生死すら分けかねない。

状況が不透明で、他の人たちが混乱しているような時でも、ブリコラージュ力の高い人は、可能性を想像しながら何とか切り抜ける。

私には、ポール・シールドとマイク・アンドリュースという二人の友人（いずれも仮名）がおり、大学時代のルームメートである。二人は卒業後、学校や企業、コンサルティング会社に教材を販売する事業を立ち上げた。

当初、この会社はうまく回り、書類のうえでは億万長者となった。しかし一九九〇年代初め、不景気のあおりを受けて、主要クライアントの多くが次々と離れていった。時を同じくして、ポールがつらい離婚からうつ状態に陥り、働ける状況ではなくなった。

マイクはこのような状況を十分考慮したうえで、ポールに事業を買い取りたいと申し出た。ところが逆に、事業を盗もうとしていると訴えられてしまう。

この時点で、レジリエンスの低い人間は泥沼から足を抜こうとするだろう。しかしマイクは違っていた。裁判の間中、あらゆる方法で会社を支えようとしたのである。

何か事業化できそうなものはないかと試行錯誤を続け、中国やロシアの企業と英語教材を販売する合弁事業をスタートさせた。その後は、クライアントのニューズレターを作成する事業も手がけた。時には、ライバル会社のためにビデオのシナリオを書くことさえあった。

このようなブリコラージュ力のおかげで、裁判で勝訴が確定した時、マイクの事業は以前とは比べものにならないほど盤石になっていた。

ブリコラージュはより高い次元でも実践できると考えられる。一九六五年、ノーベル物理学賞を受賞したリチャード・ファインマンは、知的なブリコラージュを体現していた。

彼はその好奇心が高じて、金庫の鍵の専門家でもあった。〝金庫破り〟の手順に注目しただけでなく、金庫を使い、鍵をかける人の心理を研究の対象としていたのだ。

たとえば彼は、ロス・アラモス研究所で数々の金庫破りを成功させた。ファインマンは、論理的な物理学者たちの場合、忘れてしまうかもしれないランダムな暗証番号で鍵をかけることはなく、数学的に意味のある数列を使うはずだと推測した。

実際、原子力爆弾に関わるすべての機密文書を保管している三つの金庫の鍵には、「2・71828」で始まるeという自然対数（ネイピア数）が設定されていたのである。

規律と制約の下にブリコラージュは派生する

レジリエンスの高い組織には、ブリコラージュの力を備えた人が多い。もちろん、すべての人がファインマンのレベルにあるわけではない。とはいえ、生き残る企業は、即興力をコアスキルとしていることが多い。

UPSの場合を見てみると、荷物を時間通りに配送するためにドライバーは何をしてもよい。CEOのエスキューはこう語る。

「社員には『仕事を最後までまっとうしなさい』と言っています。その場で何とかしなければならないならば、彼らはきっとそうします。でなければ仕事になりません。思い通りにいかない場合を想像してみてください。信号機の故障、タイヤのパンク、壊れた橋等々。『ルイスビルは今夜吹雪になりそうだ』と言うと、数人が集まってどうするかの相談が始まります。誰かが『そうしなさい』と命じたわけではないのですが、そのような伝統があり、自然に団結するのです」

その伝統は、一九九二年にアンドリュー台風がフロリダ南東部を襲い、億単位の被害が出たような時でも活かされていた。ちゃんとその翌日には荷物が届けられていたのだ。多くの人が家を壊され、車中で生活をしていた。UPSのドライバーと現場責任者は仮の作業場で荷物を仕分けし、車中で途方に暮れている人たちに荷物を運んだ。

これは、壊滅的な打撃を受けても機能し続けるという、UPSの即興力によるところが大きい。混乱に巻き込まれようと、会社が正常に機能し続けたことで、人々はそこから目的と意味を感じ取ったのである。

UPSが実践したこの種の即興は、あらゆる束縛から解かれた創造力などとはまったく別物である。実際、軍隊同様、UPSは規則と規律から成り立っている組織である。エスキューはこう続ける。

「ドライバーはいつも同じ場所に鍵を保管し、同じようにドアを閉め、同じように制服を着る。とても几帳面な会社です」

窮屈に思えるかもしれないが、アンドリュー台風のすぐ後でも会社が回復できたのは、UPSの規則のおかげであるとエスキューは考えている。それが社員にとっては、事業を存続させるには何をすべきかを示す座標となったからだ。

エスキューの見解は、ミシガン大学ビジネススクールで組織行動学の教鞭を執るカール・E・ワイク教授に通じるところがある。ワイクは組織行動学で最も権威のある学者の一人であり、次のように書いている。

「人間は、プレッシャーにさらされると、最もなじみのある行動へと回帰する。生存を脅かすような重圧の下では真新しい創造力など期待できない」

表現を換えれば、ある企業が創造力を抑制するような規則や規制を定めていようと、むしろそれは真に危機の時の再起力を高めるものとして機能しうるということである。

レジリエンスは、模倣されにくい

冒頭に述べた新聞記者のクラウス・シュミットは、五年ほど前に他界している。彼が生きていたとしても、彼自身のレジリエンスについてインタビューができたかどうかは定かでない。その質問もおかしなものだっただろう。

「クラウスさん、あなたは本当に現実を直視していましたか。困難に何らかの意味を見出していましたか。仕事や私生活が危機に瀕した時、それらを回復する手段として即興的に行動しましたか」

彼には答えられなかったかもしれない。私の経験から言えば、レジリエンスの高い人は、自らをそのように語らない。生き残ったという話をそれとなくして、幸運だったと締めくくる場合が多いものである。

幸運が生存を大きく左右するのは言うまでもない。モルガン・スタンレーが南棟にオフィスを構え、予行演習も怠りなく実施していたことも幸運の一つと言えよう。しかし、幸運であることとレジリエンスを備えていることは、けっして同じではない。

レジリエンス――再起力――とは、人々の精神と魂に深く刻まれた反射能力であり、世界と向き合い、理解する能力である。レジリエンスの高い人や企業は、現実に毅然と目を向け、困難な状況を悲嘆することなく、前向きな意味を見出し、啓示を得たかのように解決策を生み出していく。

他人には真似できない。これが、解明するのが難しいレジリエンスの本質である。

ダイアン・L・クーツ（Diane L. Coutu）
『ハーバード・ビジネス・レビュー』（HBR）シニアエディター。主に心理学とビジネス全般を担当。

2

日常的なストレスから身を守る簡単エクササイズ

ダニエル・ゴールマン
Daniel Goleman

"Resilience for the Rest of Us,"
HBR.ORG, April 25, 2011.

日常にあふれる些細なミスや失敗から立ち直るには

レジリエンス（再起力）を強化する方法は二つある。一つは内省すること。もう一つは脳を再訓練することだ。

大きな失敗をして落ち込んでいる人は、心理学者のマーティン・セリグマンの論文「トラウマを糧にする法」(注1)の思慮に富むアドバイスを参考にするとよいだろう。内省して認知的介入を行い、楽観主義によって敗北者的な思考を解消しよう。悲観的な考え方をやめ、将来を前向きにとらえるのだ。

だが幸運にも、大きな失敗は人生においてそう頻繁に起こるものではない。

では、リーダーが日常的に経験する、より些細なミスや挫折、動揺から立ち直るにはどうすればいいか。その答えもやはりレジリエンスだが、この場合は少々やり方が異なる。脳を再訓練する必要があるのだ。

日々積み重なる厄介事から立ち直ろうとする際に、脳は非常に独特なメカニズムを働かせる。しかも、ちょっとした努力で、日常の気が滅入るような出来事から立ち直る能力を向上させることができるのだ。

気が動転している時には、後で後悔するような言動を取ってしまうものだ（そうでない人などいるだろうか）。これは扁桃体、すなわち、危険を察知して闘争・逃走反応を誘発する脳のレーダーが、前頭前野にある遂行機能を乗っ取ったことを示す確かな兆候だ。神経の観点から言えば、この乗っ取られた状態をすぐに解消することがレジリエンスにつながる。

ウィスコンシン大学の神経科学者リチャード・デビッドソンは、扁桃体による乗っ取りが生じた後にエネルギーと集中力を取り戻すための回路は、前頭前野の左側に集中していることを発見した。また、動揺や不安を感じている時には、前頭前野の右側が活発に活動することも確認している。前頭前野の左右の活動レベルには個人差があり、それが日々の気分に影響を及ぼす。右側が活発になるといら立ち、左側が活発になるとさまざまな憂うつからすぐに回復する。

デビッドソンは職場におけるこの現象を研究するために、四六時中強い緊張を強いられている新興バイオテクノロジー企業のＣＥＯ、およびマサチューセッツ大学メディカルスクールのジョン・カバットジンとチームを組んだ。カバットジンは、バイオテクノロジー企業の従業員たちに「マインドフルネス」の指導を行った。これは、その瞬間起きていることを認識しながらも反応はしないように全意識を集中させる、注意力トレーニング法である。

やり方は簡単だ。

①数分間一人きりになって集中できる、静かな場所を見つける。たとえば、オフィスのドアを閉めて電話を無音にする。

②ゆったりと座り、力まずに背筋を伸ばす。

③呼吸に意識を集中させる。吸う感覚、吐く感覚をしっかりと意識してから、次の呼吸を始める。

④呼吸がうまくできているかを気にしない。呼吸法を変えようとしないこと。

⑤意識に侵入し、集中を阻むもの——思考や音など——をやり過ごし、呼吸に集中する。

従業員たちは一日平均三〇分、八週間にわたってマインドフルネスを実践した。すると、当初はストレスを司る右側に偏っていた脳の活動が、レジリエンスのある左側でより活発となった。さらに、自分の仕事のやりがいが何であったかを思い出したという従業員もいた。働き始めた頃に活力の源泉となっていたものを、取り戻すことができたというのだ。

最大の効果を上げるためには、これをメンタル・エクササイズとして習慣化し、毎日二〇～三〇分をかけるとよいだろう。ガイド付きの指導を受けることができれば非常に効果的だが、重要なのは、日々の習慣としてエクササイズの時間を確保することだ（長距離運転の時間を利用するエクササイズ法も存在する）。

マインドフルネスは、頑固な企業幹部たちの間でも着実に信用を獲得しつつある。ビジネスパーソンを対象にマインドフルネスの指導を行うところもある。高級リゾートのミラバルや、ウースターにあるマサチューセッツ大学メディカルスクールのマインドフル・リーダーシップ・プログラムなどだ。グーグル・ユニバーシティも数年前から、従業員を対象とした講座を開講している。

マインドフルネスを習得し、脳の再起回路を鍛えるといいことがありそうだ。優秀な企業幹部は、ストレスから受ける影響を自覚していない場合がある。私の同僚のリチャード・ボヤツィスとアニー・マッキーは、リーダーがストレスを自己診断する簡易的な方法として、次の問いを自問するよう勧めている。

「漠然とした不安やいら立ちを感じているか。人生は素晴らしい（〝まあまあ〟よりもよい）と思えなくなっているか」

マインドフルネスの手法を少し取り入れるだけで、安らぎを得ることができるかもしれない。

ダニエル・ゴールマン（Daniel Goleman）
心理学者、科学ジャーナリスト。ラトガース大学「組織におけるEI研究コンソーシアム」共同ディレクター。EI（エモーショナル・インテリジェンス）の提唱者。著書に『EQ こころの知能指数』（講談社）、『エコを選ぶ力―賢い消費者と透明な社会』（早川書房）などがある。

Harvard Business Review Emotional Intelligence RESILIENCE

3

自分のレジリエンスを評価、管理、強化する方法

デイビッド・コパンズ
David Kopans

"How to Evaluate, Manage, and Strengthen Your Resilience,"
HBR.ORG, June 14, 2016.

レジリエンスは測定できる

あなたが最近参加したオフサイト・ミーティングのことを思い出してほしい。誰もが報告書やスプレッドシート、事実情報や数字を次々と持ち込んできたはずだ。テーブルの上には、さまざまなデータ、貸借対照表、損益計算書などのビジネスツールが散らばっていたのではないだろうか。

マネジャーは、定量的にも定性的にも明確な分析こそが、企業のレジリエンス——変化や困難に直面しても、柔軟に適応・再起する力——のカギだと知っている。ところが、いざ自分自身の適応力や成長力、達成力の測定や強化になると、同様の分析をしようとする人はほとんどいない。

しかし、実践すべきである。私はこれまで、自ら企業を立ち上げて成長させながら、個人のレジリエンスの根本的要素についても数十年にわたり研究を続けている。その経験を通して、企業のレジリエンスを高めるのと同じ要領で、個人のレジリエンスを実際に評価し、管理し、強化するために実践できる基本事項をいくつか発見した。

ポジティブ通貨をつくり、蓄積する

私たちは、国が紙幣を印刷するようにレジリエンスを印刷して増やすことはできない。個人がレジリエンスを築くには、私が「ポジティブ通貨」と呼ぶ方法を使う必要がある。これは、実際に生じるポジティブなコミュニケーション、出来事、記憶――どれもレジリエンスを高めることが知られている――に根差すものである。

この「通貨」は、ポジティブなものに目を向け、それに感謝の念を抱くことで初めて「印刷」され、資産として私たちのなかに蓄積されていく。ポジティブな視点を持ち続け、定期的に感謝の気持ちを表明することは、レジリエンスを補強・蓄積するうえで、金塊にも匹敵する大きな価値があるのだ。

カリフォルニア大学デイビス校のロバート・エモンズとマイアミ大学のマイケル・マッカローらの研究は、個人の幸福と人生の満足度を高める最も確かな方法の一つは、感謝の念であることを明確に示している。(注1) 感謝によってポジティブ通貨をつくり出していけば、不安は軽減され、病気の諸症状は和らぎ、眠りの質は改善される。当然、それらすべてが個人のレジリエンス向上につながるわけだ。

ポジティブ通貨の記録をつける

企業を評価するための分析ツールは、しっかりした記録が伴わなければ機能しない。これは、個人のレジリエンスの場合にも同じことがいえる。ポジティブ心理学の始祖であるペンシルバニア大学のマーティン・セリグマンの研究(注2)によると、ポジティブなコミュニケーション、出来事や記憶は、文字に書くことによって、書かなかった場合よりも大きな効果を生むことがわかっている。

したがって、ポジティブ通貨の「取引記録」をつけよう。革装の日記帳であれ、デジタル上の文書であれ、さっと書き留めておくのだ。記録方法としては、ノートのページに「家族」「友人」「仕事」などのカテゴリーを設けて書き込むというシンプルな方法でもいいし、スプレッドシートに情報を入力してもいいし、デジタルの感謝日記にハッシュタグをつけてもいいだろう。

ポジティブ市場に人を巻き込む

金融市場は、参加する投資家の数が増えるほど活況を呈する。個人のレジリエンスも同じで、自分のポジティブ通貨の買い手を増やすことができれば、レジリエンスは高まる。けっして難しいことではない。ポジティブな態度は人に伝染するからだ。

ハーバード大学のニコラス・クリスタキスとカリフォルニア大学サンディエゴ校のジェイムズ・ファウラーは、幸福は自分自身の選択や行動だけで決まるのではなく、二次ないし三次離れた間接的関係にある他者からも影響を受けるということを突き止め、『つながり――社会的ネットワークの驚くべき力』(注3)で詳細に論じた。

この発見が意味するところによれば、自分がよりポジティブになると、他者にも同じ態度を促すことになる。すると、より多くの人がポジティブ通貨を生み、使うことで、ポジティブフィードバックループが生まれる。それらの人々の行為によって、自分自身のレジリエンスも増強されるのである。

ポートフォリオのアプローチを取る

レジリエンスのある企業はリスクを分散させる。同様に、レジリエンスのある個人は、ポジティブ通貨の多様な源泉を保有する。そのような人は、「人生のポートフォリオ」全体に最高のリターンをもたらすのは何かを見極め、その分野に投資することでレジリエンスを高めようとする。

豊かな実りをもたらすそれらの資産は、仕事以外の部分にあることが多い。私たちは起きている時間の大半を仕事に費やしているが、けっして仕事をポジティブ通貨の最も主要な源泉に位置づけるべきではないのだ。

「幸福の研究」と題されたブラックホーク・エンゲージメント・ソリューションズの二〇一五年のレポートでは、幸福度を決定する一二の要因について評価するよう回答者に求めたところ、「仕事」の重要性は八番目にすぎないことがわかった。(注4) 上位には家族、友人、健康、趣味、コミュニティが並んだ。こうした分野でより多くのポジティブ通貨を生み出すことで、仕事の場でも最高の自分を発揮する能力を高めることができる。

定期的な振り返りを行う

最後に、財務状況を定期的に見直すことが企業のレジリエンスにとって重要であるように、個人のレジリエンスを高めるためにも、ポジティブ通貨の記録を定期的に振り返ることが必要である。

この振り返りによって、気づきを得て行動を改善できる。しかしそれだけでなく、ポジティブなコミュニケーションや感謝の念を再認識するということだけでも、レジリエンスを高める効果がある。

フェイスブックのデータサイエンティストが実施し、米国科学アカデミーの紀要に発表された、二〇一四年の有名な実験が明らかにしたように、自分の「ニュースフィード」にポジティブな記事が並んでいれば、その人自身も前向きになるのだ。(注5)

ウォール街のアナリストのように綿密な分析をしなくても、ポジティブ通貨の記録を定期的に開いて眺めるだけでもレジリエンスは高まるということだ。時間を決めて、自分のポジティブ通貨を喜びとともに振り返ることをお勧めしたい。私は朝、コーヒーができるのを待つ間に行っている。

自分のポジティブデータを振り返るという単純な習慣を身につければ、あなたのレジリエンスは――ひいてはあなたの友人、家族、同僚のレジリエンスも――きっと高まることだろう。

デイビッド・コパンズ（David Kopans）

ＰＦルーブ創業者兼ＣＥＯ。同社は、ポジティブ心理学の研究に基づくソフトウェア・アプリケーションとデジタルサービスを通じて、世界にポジティブな変化を起こすことをミッションとしている。

人生の悲劇から立ち直る力

4

Harvard Business Review
Emotional Intelligence
RESILIENCE

シェリル・サンドバーグ
Sheryl Sandberg
アダム・グラント
Adam Grant
アディ・イグナティウス
Adi Ignatius

"Above All, Acknowledge the Pain,"
HBR, May-June 2017.

シェリル・サンドバーグの人生は理想的に見えた。素晴らしい仕事、影響力のある著書、愛する家族——すべてそろっていたのである。

ところが二〇一五年の春、休暇で訪れていたメキシコで、夫のデイブ・ゴールドバーグが心臓疾患のために急逝した。サンドバーグには突然、悲嘆に暮れる未亡人という新たなイメージが否応なくつきまとうようになる。

家庭と職場でようやく絶望の淵からはい上がると、彼女は苦しい胸の内について綴り始めた。そして、抱えていた苦悩と孤独感について長文の手記を書き、自らがCOOを務めるフェイスブックに投稿した（彼女のアカウントのフォロワー数はおよそ二〇〇〇万人）。これをきっかけに、人生の悲劇にどう向き合うべきかという議論が世界中に広がった。

サンドバーグは、立ち直ろうとする過程で、友人のアダム・グラントに相談した。ペンシルバニア大学ウォートンスクールの教授であり、著作もある同氏に、レジリエンス（再起力）に関する研究について教えを乞うたのだ。

こうして二人の共著書『OPTION B—逆境、レジリエンス、そして喜び（注1）』が刊行されるに至った。

サンドバーグとグラントは先頃、カリフォルニア州メンロパークにあるフェイスブック本社で『ハーバード・ビジネス・レビュー』（ＨＢＲ）のインタビューに応じ、自分自身とチーム、組織がレジリエンスを身につける方法について語った。本稿は、そのインタビューの内容に一部編集を加えたものである。

ＨＢＲ：ご主人を亡くしたつらさについて書こうと思ったのはなぜですか。

サンドバーグ：夫の死は、人生で最もつらい体験でした。当初は目の前の瞬間やその日一日、一週間、一カ月を、とても乗り切れないと思っていました。周囲の人々はまるで幽霊でも見るかのような目で私を見ていて、声をかけるのをためらっているようでした。

一日一日と過ぎて二、三週間経つと、私は次第に孤独感にさいなまれました。そこでシェローシーム（三〇日にわたって配偶者の死を悼むユダヤ教の服喪期間）の最終日が近づくにつれ、私はすべてを包み隠さず綴った手記を、フェイスブックに書くようになりました。

公開するかどうかは決めかねていましたが、公開しても物事はこれ以上悪くならない、むしろ好転するのではないかと思って「投稿」ボタンを押したのです。

――その結果には満足しましたか。

サンドバーグ：とても救われました。というのも、腫れ物に触るかのように接していた友人や同僚たちが、ようやく話しやすい雰囲気になったからです。

ある友人は、毎日のように私の家の前まで来たけれど、中に入るのを躊躇していたそうです。手記を公開すると、彼女は訪ねてきましたが。私の状況を尋ねるのをためらっていた人々も、声をかけてくるようになりました。

友人だけでなく、大勢のユーザーからコメントをもらって胸が熱くなりました。結婚三周年の直前に奥さんを亡くした男性は、奥さんの人生に敬意を表すために、いまは自分が働く男性優位の職場で女性の成功を後押ししている、とコメントしてくれました。

友人たちも見ず知らずの人々も、互いを励ますコメントを残しました。こうした反応が、最終的に本の執筆につながったのでしょう。

――共著書の題名『OPTION B』(次善の選択肢)の由来は何ですか。

サンドバーグ:この言葉を耳にしたのは、夫に代わって男同士で息子と遊んでくれる人を探していた時です。友人のフィルがあるプランを思いついたのですが、私は「でも、デイブじゃないと」とこぼしてしまいました。するとフィルが、「最良の選択肢はもう選べない。だから、次善の選択肢をとことん楽しもうじゃないか」と諭してくれたのです。

――アダムには、どういう経緯で共著者として参加してもらったのですか。

サンドバーグ:アダムは友人であると同時に、優れた心理学者、研究者でもあります。私は当初から、子どもたちがこの苦難を乗り越えるのを、どう手助けすべきかについて彼に相談していました。

私が何よりも恐れていたのは、子どもたちが、もう二度と幸せに過ごせないのではないかということです。二人で検討していくうちに、レジリエンスとは生来決まった量が備わっているものではなく、私たち自身や子どもたち、組織、コミュニティが育めるものだと気づきました。

そうして私たちは、学んだことを読者と共有しようと思って本を書いたのです。


――ご自身の胸の内と弱さをさらけ出したことで、リーダーシップの質がこれまでと変わりましたか。


サンドバーグ：職場に復帰した当時は悲嘆に暮れていて、その日一日どころか、会議一本こなすだけで精一杯でした。「あなたの状況を考えたら、実のある発言なんてできなくて当然ですよ」と言われて、私の自信はいっそう粉々になりました。

そんな時に私の力になってくれたのは周囲の人たちで、とりわけ（フェイスブックのCEOである）マーク・ザッカーバーグには助けられました。マークたちは会議の後、「みっともない真似どころか、鋭いご意見でした」と声をかけてくれたのです。

私はこうした心遣いを忘れず、今度は不運に見舞われた同僚に目を配り、彼らが自信を取り戻す手助けをしようとしています。悲劇に遭遇すると、その苦難が二次的に生活の他の領域まで波及することは、実によく見られます。
どんな企業でも、立ち直るまでに嘆き悲しむための時間的猶予を従業員に与えることが大事です。さらに職場に復帰した暁には、従来通りに仕事で貢献できると気づいてもらうこと、病気だから、絶望しているからといって、見切りをつけないことが重要です。

――プライベートで逆境に置かれている人には、できるだけ早く職場に復帰するように勧めますか。

サンドバーグ：いいえ、絶対に勧めません。嘆き悲しむ方法とその過程は一つではないし、誰かにとって最良のタイミングが、他の人にとっても最良だとは限りません。
本の中で紹介したある女性は、ご主人が亡くなった翌日に職場復帰したところ、同僚に非難されたように感じたそうです。しかし実際には、彼女はとにかくつらすぎて自宅にいられず、どこか外出する場所が必要だったのです。人によっては、復帰するまで数カ月以上かかるでしょう。誰もが自分なりの道筋を見つけなければなりません。

どこまで自分の気持ちをつまびらかにするかも同じことです。私は結局、孤独感を断ち切るために、思っていた以上に自分の気持ちを率直に表明しました。しかし、そうしたくない人々もいます。それぞれのタイミングと気持ちを尊重する必要があります。

同僚が喪失感に見舞われた時に何をすべきか

――従業員がプライベートで何らかの苦難に遭った時、企業側はそれにどう対処すべきでしょうか。

グラント：竜巻被害を受けて自宅が損壊したり、重病を患う誰かの介護をしたりしなければならない時など、従業員の危機に対して経済的援助や休暇を与える制度を設けている企業は、実際のところ恩恵を得ています。それは研究でも明らかです。つまり、従業員は自分が思いやりのある企業の一員であると感じるわけです。「人間らしい」職場として自社に誇りを感じるようになり、愛社精神がいっそう強くなります。組織が一歩踏み出すと、素晴らしいメリットを得られるのです。

――同僚の悲劇を前にして会話の糸口がつかめずに口をつぐんでしまったり、失言したりすることがよくあります。そういう人々に何とアドバイスしますか。

サンドバーグ：まず何よりも、その悲劇をなかったことにしないでください。誰もが目を逸らしたくなる痛ましい悲劇が、そこに間違いなく存在しているのだと認めるのです。

夫と死別する前の私は、同僚ががんと診断されたり、配偶者を亡くしたりすると、相手に不幸を「思い出させる」のを避けようとするあまり、「お気の毒に」とだけ言っていました。でも、もうそんな言葉はかけません。それがどんなに筋違いなことか、私は夫を亡くして初めて気づきました。

夫が亡くなったことを、私に思い出させるなんてできるわけがありません。というのも、私は片時も忘れずに覚えているからです。

悲劇を認めたうえで、「ねぇ、あなたとお子さんたちにはとても大変な時期だと思うけれど、あなたは大丈夫ですか」と聞いてください。そのほうがずっと慰められます。「あなたはいずれ乗り越えられます」と言ってくれる人は親切ですが、「私たちで一緒に乗り越えましょう」という言葉のほうがずっと思いやりがあります。

――「何かお手伝いできることはありませんか」と声をかけられると助かりますか。

サンドバーグ：親切な申し出ですが、失意の渦中にある人にとっては、何かを人に頼んだり、手伝ってほしいことがあったりするだろうかと考えること自体が負担なのです。悲しみに打ちひしがれている時に、ほしいものなどあるでしょうか。

フェイスブックで私と一緒に働いているダン・レビー、彼は息子さんが大病を患った末に、残念ながら亡くなってしまいました。ダンが病院にいる時に、友人がメールをくれたそうです。「ハンバーガーのトッピングで苦手なものはあるかい」と。

「何か必要なものはありませんか」ではなく、具体的に何かをしてくれることのほうがありがたいのです。

心的外傷後成長――トラウマ後に成長するということについて

――この本を書くこと、あるいはこの本がどう受け取られるかに関して、不安はありませんでしたか。

サンドバーグ：自分の心情をさらけ出すことに、不安を感じない人などいないでしょう。しかし私は、夫の死という悲劇から、どんなことでもいいから意義を見出そうとしています。

夫は信じられないほど面倒見のいい人でした。私たちの友人であり、夫が経営していたサーベイモンキーの現CEOであるザンダー・ルーリーは、告別式で列席者にこう問いかけました。「デイブのおかげで人生が変わったという人は、何人くらいいますか」と。すると、至るところで手が挙がりました。

だからこそ私は、夫が人生で貫いた信条に沿って、自分の体験を共有したり、アダムと一緒に見出した研究結果を紹介したり、逆境を克服した人々の素晴らしい体験を伝えたりすることで、人の役に立ちたいのです。

――こうした考えを紹介することで、アダムは何を期待していますか。

グラント：私たちは二人とも、悲嘆（グリーフ）の専門家ではありません。私はモチベーションや意義について研究しており、シェリルは個人的な体験から意見を述べています。

私たちが扱うテーマは、グリーフを大きく超えるものです。これは誰もが直面する不運であり、誰もが対峙するおそれのある難局です。そうした試練を乗り越える力、時にはひたすら耐え抜く力をどう見出すかを伝えたいのです。

――レジリエンスとはバネのように元の状態に戻ることを指しますが、「心的外傷後（トラウマ後）成長」（ＰＴＧ）についても本で触れていますね。その狙いは何ですか。

グラント：ＰＴＧを広く知らしめたのは、リチャード・テデスキとローレンス・カルホーンという二人の心理学者です。

彼らは、子どもに先立たれた親について研究していました。親たちは押しつぶされそうな悲しみを経験しただけでなく、人生がよい方向に変わったとも報告しています。

研究者たちは当時、トラウマ後に成長するとはどういうことかを、こぞって解き明かそうとしました。トラウマ後に強くなったと感じる人は大勢います。彼らは、「これを克服したのだから、何だって乗り切れる」と述べています。なかには、残っているものに対して感謝するようになった人や、他者との関係性が以前より深まった人もいます。さらに、新しい意義や目的意識を感じるようになった人もいます。自分が生きていることを何らかの形で活かしたい。彼らはそのように考えているのです。

――シェリルには思い当たる節がありますか。身をもって経験したことはないですか。

サンドバーグ：感謝するようになったのは間違いありません。

アダムには早い段階で、最悪の事態になった可能性を指摘されました。私は「冗談でしょう。これ以上悪いことなんてありません」と言いましたが、アダムにこう諭されました。「デイブが子どもたちを車に乗せて運転している間に、あの不整脈が起きるおそれもあったんだ」と。

それを聞いて、私は気持ちが楽になりました。子どもたちが健康で幸せに暮らしていることをありがたいと感じたのです。

実際に起きたことよりもひどい悲劇に思いをめぐらせて立ち直るというのは逆説的ですが、人生で残されたものに対して感謝を感じるようになるには、この方法が役に立ちます。

こんなふうに成長したいと望む人はいないでしょう。夫を取り戻せるなら、私はどんなものでも無条件に手放します。しかし、トラウマが生じればそこから成長できるのです。

――そもそも大きな苦しみを経験しなければ、そんなふうに成長できないのでしょうか。

グラント：二人で一緒に検討を重ねていて特に興味深いのは、社会科学とシェリルの生の体験とを並べて比較することができる点です。シェリルは、その質問に見事な答えを出しました。「心的外傷後成長があるなら、心的外傷前成長があってもいいでしょう」と。

私はその言葉に面食らってしまいました。しかし、これは素晴らしい発想です。何らかの教訓を得るために、ひどい目に遭う必要などありませんから。

――「心的外傷前成長」の例を、実際に目にしたことはありますか。

サンドバーグ：私の夫の死をきっかけに、ケイティ・ミティックは、友人の誕生日に彼らのどんなところが好きで、どんなところに感謝しているかについて長い手紙をしたためるようになりました。同じことを始めた友人もいるそうです。これは関係を深め、意義や感謝を見出すのによい方法です。そして、トラウマを受ける前に実践できます。

私たちがレジリエンスを高めるのは、どんな不運に遭遇してもいいように備えるためだと思います。それに、私たちの誰もが何らかの不運に直面するものです。まさにある意味で「次善の選択肢」を生きているのです。

レジリエンスを身につけるために

――レジリエンスを高めるための便利なツールはありますか。

グラント：ビジネスの場では、失敗から学ぶことが最も効果的です。私たちの誰もが失敗し、ミスを犯します。自分の間違いに向き合うのは至難の業ですが、レジリエンスを身につける方法はそれしかありません。

私がこの点に気づいたのは大学院の頃でした。当時の私は人前で話すことを恐れていましたが、教壇に立つにはそれを避けて通るわけにはいきません。そこで、フィードバックをもらおうとしました。他人の担当授業の代講を自ら志願し、講義後にアンケートを配布したのです。それを読むのは苦痛でした（なかには、私がひどく緊張していたせいで、学生たちが席で貧乏ゆすりを始めたという意見もありました）。しかし、私はそこから自分がどういった間違いを系統的に犯していたかに気づき、目標を設定して改善できました。

こうした類の率直さを職場に持ち込み、改善に向けて周囲の人々に批評してもらえると効果的でしょう。

――失敗から学ぶことが大事だと誰もが説きますが、多くの企業は失敗をうまく活かせていません。なぜでしょうか。

グラント：端的に言えば、自尊心のせいです。失敗を学習の機会だと見なせば、そこから学べることを誰もが知っています。しかし、私が知る限り、学びたいという理由だけのために失敗することを強く望む人は皆無です。このため、失敗すると愕然としたあげく、自尊心と自分のイメージを守ろうとしてしまいます。自分自身や周囲に対して、自分が愚かな人間ではないことを実証しようとするのです。それが改善や進歩の妨げになります。

――どうすれば、もっと建設的に失敗をとらえられるようになれますか。

グラント：企業幹部と一緒に仕事をした時のことです。私は、ある状況下で各自が上げた成果だけでなく、事後のフィードバックをどれだけうまく受け取れたかについても自己評価するように依頼しました。すると彼らは、驚くほど率直にフィードバックを受け取るようになったのです。努力家ほどその傾向が顕著で、最高評価を得たいと心底から望んでいたようです。

――失敗をうまく活かす組織を築くには、どうすべきでしょうか。

グラント：まずは、従業員が自分の失敗や間違いをざっくばらんに話せる文化を築くことです。ハーバード・ビジネススクール教授エイミー・エドモンドソンは、致命的な医療ミスを未然に防ぐ方法を突き止めるべく、病院を研究しました。その結果、チームが学習を深めてミスを防ぐことができるのは、精神的に安心感を抱ける場合であるとわかりました。つまり、リスクを恐れずにそれを背負い、間違いについて率直に話せる土壌があり、善意のミスを罰しない環境が必要なのです。

――たとえ失敗する恐れがあってもリスクを背負うよう、フェイスブックが社員を後押しすることはよく知られています。そうした意識を、組織文化にどうやって取り入れたのですか。

サンドバーグ：他の組織から学ぶのが一つの方法です。フェイスブックの経営幹部チームはある年、バージニア州クワンティコにある海兵隊の訓練施設まで出向いて、厳しい訓練を受けました。私たちはそこで、海兵隊員が、訓練が終わるたびにうまくいかなかったことを全部洗い出して、徹底的に話し合う姿を目の当たりにしました。

かつての私は、そうしたやり方を単に逆効果だと考えていたのです。しかし、こうした報告会を開いて組織文化に組み込めば、学び続ける組織になれることがわかりました。

――レジリエンスのある企業は、環境の変化にも巧みに適応します。その際に重要なことは何ですか。

グラント：レジリエンスとは、逆境に対処するスピードと強さです。そのためには、不測の事態にも通用しそうな定例作業を確立することが最も効果的です。

宇宙開発企業のスペース・エクスプロレーション・テクノロジーズ（スペースX）はその好例です。ロケットの打ち上げ失敗が続いたのを受け、CEOのイーロン・マスクは、打ち上げ時のリスクを大きいものから順番に一〇個列挙するよう社員に指示したそうです（その後、ある爆発事故の原因が一一番目のリスクだったことが判明したため、上位のリスクを一一個挙げるというのがそこで得られた教訓と言えるでしょう）。

高信頼性組織（high-reliability organizations）は、こうした定例作業を確立する方法を心得ています。失敗のおそれがある事項を徹底的に洗い出して、前もって吟味したうえで、想定外の失敗に見舞われるたびにリストを拡充するのです。

——フェイスブックは不測の事態に対する心構えを意識していますか。

サンドバーグ：企業が犯す失敗には二種類あると、マークは事あるごとに言っています。一つ目は目標を達成できないこと、二つ目は野心的ではない目標を達成することです。彼は、二つ目の失敗だけはしてほしくないと考えています。なぜなら、野心的ではない目標を設定した時点で、すでに失敗したも同然だからです。

私たちに必要なのは、本当に野心的な目標を設定すること、自分の失敗を報告して責任を認め、フィードバックを受けられるように安全な環境を整えること、自らが進んで学び、修正することです。

——HBRに掲載された論文のなかには、個人のレジリエンスを養う方法として、定期・不定

期にかかわらず、休憩して何もしない時間を設けることや、デジタル機器から離れることを推奨するものがありましたが。

グラント：その点に関しては多数の研究で検証されていますが、休憩を狭い範囲に限定しすぎる傾向があると思います。

カリフォルニア大学デイビス校の教授であるキンバリー・エルズバックの研究によれば、従業員を休憩させるうえできわめて有効な方法は、頭を使わない単純作業を課すことです。機械的な作業はいったん頭を空っぽにできるので、物事を創造的に考えられるようになります。

私たちは、複雑なスキルを身につけて昇進した人々を、反復作業の担当から外してしまうというミスを犯しがちです。しかし、たとえば創造力を発揮しなければ解決できない問題に取り組む合間に、表計算ソフトへのデータ入力を数分間はさめば、頭を休めることができるのです。

――立ち直るにはユーモアのセンスが欠かせないとよく言われます。失意のどん底にあってもユーモアを忘れないためには、どうすべきでしょうか。

サンドバーグ：ユーモアには絶大な効果があると思います。『OPTION B』の編集を手がけてくれたネル・スコベルは、テレビのコメディドラマの脚本家でもあり、兄弟が四人います。彼女は、母親の告別式で封筒を手に立ち上がって、こう語りました。「母の最愛の子どもは誰だったでしょうか、この封筒にその子の名前が入っています」

そうした重苦しい場面でも笑うことができれば、たとえつかの間だったとしても――その不運自体を笑いの種にしたとしても――だいぶストレスが解き放たれます。そうすれば「あぁ、きっと大丈夫」と思えるようになります。

――子どもたちがレジリエンスを身につける方法として、自分の強みを理解できるように促すことなどを著書で紹介していますね。このやり方は、従業員にも役に立ちますか。

グラント：そう思います。ただし、親であることは、リーダーであることよりも、はるかに難しいという但し書きが必要ですが。

子どもたちのレジリエンスを伸ばす一つのやり方として、存在意義（mattering）を示す方法があります。つまり、周囲の人々が子どもたちに注意を払い、気にかけており、信頼しているのだと認識させるのです。子どもたちが自分に存在意義はないと感じたら、行き着く先は悲惨です。非行に走ったり、反社会的な振る舞いや暴力に頼ったりするようになります。

同じように、従業員一人ひとりに存在意義があることを知ってもらい、注意を払う姿勢を示すことは、リーダー全員が果たすべき責任です。それゆえに、社内をあちこち歩き回るマネジメント法はよく知られています。また、従業員が頼りにされていると実感できるようにすることも大切です。

大勢のリーダーが助けを借りることを躊躇しますが、従業員は自分の仕事に意味があることを知りたがっています。リーダーが「私にはわかりません」と自らの至らなさを認めて助けを仰ぐことができれば、絶大な効果を発揮します。

社会に広がる大きな悲嘆への対処法

――先の米国大統領選挙を受けて、国民の半数が大きな悲嘆のような症状を抱えていると言え

そうです。企業はこうした状況にどう対処すべきでしょうか。

グラント：その点に関しては、大学の視点からお答えします。

ご質問の状況は至るところで見られました。狂喜する人々がいる一方で、意気消沈した人々もおり、どう考えるべきか、どう感じるべきかわからない人々も見受けられました。政治的な論議に対して大学や企業はどのくらい寛容であるべきかについて、活発な議論が交わされましたが、私は、知的交流を図れる安全な環境を用意することが重要だと確信しています。大学はまさに、そのために存在しているのです。

私が講義で、「大統領選挙の動向とリーダーシップに対する影響について話し合いましょう」と声をかけると、保守的な学生数人が、アイビーリーグ校で共和党を支持するのは好ましくないと思わざるをえない、と答えました。これは受け入れがたい状況です。ちょうどＳＮＳの友だちリストから、政治信条が異なる誰かを除外するのと同じように受け入れがたいことと言えます。

相手の人柄を見極めるのに肝心なことは、自分に対して相手がどういう態度を取るかであり、日々の行動でどんな信条を示しているかです。

――シェリルの初の著作『LEAN IN』(注2)はベストセラーになりました。しかし一部では、「大多数の人より恵まれた人生を送っているあなたの主張は、一般には当てはまらない」と批判されました。今回は、どのような批判を受けると予想していますか。

サンドバーグ：自分がどんなに恵まれた人間なのかは承知しています。夫との死別を除けば、人生の他の多くの点では非常に幸運です。素晴らしい仕事があり、素晴らしい上司がいて、ほんの一握りの人々だけが手に入れられる「資本」もあります。

不運や逆境は、誰もが等しく経験するものではありません。そして『OPTION B』は、私の体験だけを拠り所にした本ではなく、あらゆる不運を乗り越えてきた大勢の人々の体験や研究にも裏打ちされています。誰であれ、たった一人で試練やトラウマに立ち向かわなくてもよいのです。

シェリル・サンドバーグ（Sheryl Sandberg）
フェイスブックＣＯＯ、慈善活動家、女性の目標達成を支援するリーン・イン・オルグ創設者。グーグルのオンライン・セールス担当副社長、米国財務省首席補佐官を歴任。二人の子どもとともにカリフォルニア北部に在住。著書に『ＬＥＡＮ ＩＮ―女性、仕事、リーダーへの意欲』（日本経済新聞出版社）がある。

アダム・グラント（Adam Grant）
ペンシルバニア大学ウォートンスクール 教授、心理学者。フェイスブックのコンサルタントも兼ねる。米国心理学会と国立科学財団から業績賞を受賞し、『ニューヨーク・タイムズ』にも論説を寄稿している。妻と三人の子どもとともにフィラデルフィアに在住。主な著書に『ＯＲＩＧＩＮＡＬＳ―誰もが「人と違うこと」ができる時代』『ＧＩＶＥ＆ＴＡＫＥ―「与える人」こそ成功する時代』（ともに三笠書房）がある。

二人の共著に『ＯＰＴＩＯＮ Ｂ―逆境、レジリエンス、そして喜び』（日本経済新聞出版社）がある。

【聞き手】アディ・イグナティウス（Adi Ignatius）
『ハーバード・ビジネス・レビュー』（ＨＢＲ）編集長。

Harvard Business Review Emotional Intelligence RESILIENCE

5

レジリエンスに必要なのは、忍耐ではなく回復のための時間

シェーン・エイカー
Shawn Achor
ミシェル・ギラン
Michelle Gielan

"Resilience Is About How You Recharge, Not How You Endure,"
HBR.ORG, June 24, 2016.

レジリエンスは誤解され、オーバーワークを引き起こしている

私たち夫婦は二人とも、頻繁に仕事で旅をする。そして二歳の子どもがいる。だから、一人で飛行機に乗れば、電話にも友だちにも「ファインディング・ニモ」にも邪魔されないのだから、仕事が大いにはかどるだろうと想像することがある。

地上でやるべきこと——パッキング、荷物検査の通過、搭乗間際の仕事の電話、夫婦間の電話、そして搭乗——までを大急ぎで済ませる。さて、想定通り機内でバリバリ仕事をしよう、と試みるのだが、何一つ片づけることができない。それどころか、何度もメール読み込みボタンを押し、何度も同じ研究レポートを読んだあげくに着陸後、なお消えずに山なす未読メールに対処し続けるだけの力は、もう尽きているのだ。

なぜ、空の旅はこんなに疲れるのだろう。結局何もしないで座っているだけなのに。もっとタフだったら——仕事におけるレジリエンスと強い意志がもっとあれば——やると決めたすべてのことを完了できるかもしれないのに。

私たちが目下進めている研究で判明しているのは、問題は目の回るようなスケジュールや飛

行機移動そのものではなく、レジリエンスについての誤解と、その結果引き起こされるオーバーワークの影響だということである。

人はレジリエンスだのグリット（GRIT：やり抜く力）だのと言われると、軍隊的な「強さ」を連想しがちだ。ぬかるみのなかを進む海兵隊員、もう一ラウンド耐えようとするボクサー、あと一回プレーしようと何とか芝から立ち上がるフットボール選手の姿を思い浮かべる。より長く耐えれば強くなれる、強くなれば成功できる、と人々は考えている。しかし、その考えは科学的に正確ではない。

回復に必要な時間を十分に取っていない――これこそ、レジリエンスを高めて成功するための全体的な能力が著しく損なわれる原因なのだ。研究によれば、回復時間の不足と、疾病や事故の増加との間には直接的な相関があることが判明している。(注1) 仕事のことを考えて眠れなかったり、携帯電話を見ていて認知的覚醒が続いたりすることによる回復不足のせいで、米国企業の生産性は年間六二〇億ドル（万ではなく億！）も犠牲となっている。(注2)

仕事をストップしたからといって、その後の時間が疲労回復に充てられるとは限らない。午後五時に仕事を「やめる」ことがあっても、夜も仕事上の問題の解決策を考えたり、夕食時に仕事の話をしたり、ベッドのなかで明日の仕事量を考えたりしている。

ノルウェーの研究チームが二〇一六年五月に発表した調査によれば、ノルウェー人の七・八%が仕事中毒だという(注3)が、研究者らは「仕事中毒」の定義として次の文言を引用している。

「仕事のことを過度に気にし、仕事へのモチベーションを抑えられず、生活における他の重要な領域を損なうほどの時間と努力を仕事に振り向けてしまうこと(注4)」

米国人の多くがこの定義に当てはまりそうだ。『ハーバード・ビジネス・レビュー』（HBR）の読者のなかにも仕事中毒の人がいるに違いない。そう考えた私たちは、米国における仕事中毒状況の調査に着手した。

テクノロジーがいかに長時間労働を助長しているか、それが認知能力の回復をいかに妨げ、結果として雇用主に多大な医療費と離職の犠牲を強いているか。調査ではこの点を検証するために、大手医療企業が持つ大量のデータを活用する予定だ。

レジリエンスについての誤解は、子どもの頃に植えつけられることが多い。我が子にレジリエンスを身につけてほしいと願う親は、科学研究大会のプロジェクトのために夜中三時まで頑張る高校生を褒めるかもしれない。だが、これはレジリエンスの理解がねじ曲げられていると言うしかない。レジリエンスのある子はしっかり休む、というのが正しい理解である。

疲れたままで学校に通う学生は、運転ミスで路上の人を傷つける危険がある。認知資源の不足によって、英語のテストで失敗するかもしれないし、友だちと接する時に自制心が低下しているかもしれない。家に帰れば不機嫌な態度で親に接することになるだろう。

オーバーワークと疲労は、レジリエンスの対極なのだ。そして若い時に身につけたこの悪習慣は、社会に出て働き始めると悪化の一途をたどることになる。

アリアナ・ハフィントンは『スリープ・レボリューション』(注5)という名著で、こう述べている。「私たちは睡眠を犠牲にして生産性を高めようとしている。だが皮肉なことに、たとえ働く時間を増やしても、睡眠不足によって、労働者一人当たり年間一一日分の生産性が失われている。金額にして約二二八〇ドルである」

休息と回復は別物である

レジリエンスを良好に保つためのカギは、全力を注ぎ、その後に停止し、回復を図り、そし

5 ——— レジリエンスに必要なのは、忍耐ではなく回復のための時間

て再び全力を注ぐというサイクルだ。

これは生物学上の事実に立脚した結論である。生物学には、健康を継続的に回復・維持しようとする脳の機能を意味する、「ホメオスタシス」（恒常性）という基本概念がある。(注6) テキサスA&M大学のポジティブ神経科学者ブレント・ファールは、特定の行為には身体にバランスをもたらし健全性を高める価値があることを、「ホメオスタティック・バリュー」（恒常性価値）という造語で示した。

働きすぎで身体のバランスが崩れると、人はそれ以上前進するために必要なバランスを取り戻そうとして、メンタル的にも身体的にも膨大なリソースを消費することになる。

ジム・レーヤーとトニー・シュワルツが書いているように、パフォーマンス領域（全力を発揮している状態）の時間が長すぎる人は、リカバリー領域（回復している状態）の時間をもっと増やさなくてはならない。そうしなければ燃え尽きのリスクが高まるからだ。

低覚醒の状態にある時、そこから脱するために（休むのではなく）持てる力をかき集めてさらなる尽力をするには、エネルギーを燃やす必要がある。生物学的にそのことを上方制御（細胞が神経伝達物質やホルモンに対応する受容体の数を増やすプロセス）と言うが、それがさらに疲労を悪化させる。

したがって、働きすぎで身体のバランスが崩れれば崩れるほど、バランスを取り戻すための活動がますます大切になる。つまり、仕事量の多さに比例して回復期間の重要性も高まるということだ。

では、どうすれば疲労を取り除き、レジリエンスを身につけることができるのだろうか。

メールの返信や論文執筆などをしていて作業をストップすれば、脳が自然に回復して、その日の夜や翌朝にはエネルギーが復活している——そう思っている人が多い。

だが、何時間もベッドで横になっているのに、仕事のことを考えて眠れなかったという体験は誰にでもあるだろう。八時間寝れば、身体はたしかに休んでいるかもしれないが、翌朝も疲れを引きずっていることがある。なぜなら、「休息」と「回復」は別物だからだ。ただ作業をやめるだけでは回復することにはならないのだ。

仕事で発揮されるレジリエンスを身につけたければ、適切な「就業内回復」と「就業外回復」の時間を確保する必要がある。ザイルストラ、クロプリー、リドステテットの研究チームは二〇一四年の論文で次のように書いている。

「就業内回復とは、就業している日時・場所において行う短時間のリラクゼーションである。進行中の仕事に必要な知的・身体的リソースの一時的な衰弱や枯渇に対応するために、定期または不定期の短い休憩を取り、その間に意識を変えたり他の作業をしたりすること。就業外回復とは、仕事から離れたところ——就業後の自由時間、週末、祝祭日、長期休暇など——で行う回復のための行為である」(注7)

仕事の後、ベッドで横になっていても、電話で政治の話をして熱くなったり、家の改装のことであれこれ考えてストレスを感じたりすると、脳は高度に覚醒した状態が続いてしまう。脳にも身体と同じだけの休息が必要なのである。

真剣にレジリエンスを身につけたければ、まずは仕事からの離脱を戦略的にやってみよう。つまり、就業内回復と就業外回復の時間を確保する工夫をして、自分を強くするためのリソースを自分自身に与えるということだ。

イェール大学経営大学院での研究に基づくエイミー・ブランクソンの『幸福の未来』(注8)(未訳)は、過重労働を抑制するため、テクノロジーを活用して仕事から離脱する方法を説明している。

たとえば、「インスタント」や「モーメント」といったアプリをダウンロードすれば、一日に何回スマートフォンを手に取ったかを自覚できる。平均的な人で一日一五〇回[注9]にも上り、その都度一分だけだったとしても（ずいぶん楽観的な仮定だが）、一日で二時間半にもなってしまう。また、「オフタイム」や「アンプラグド」のようなアプリを使えば、自動的に機内モードに切り替わる時間を戦略的に設定し、通信できない状況をつくり出すことができる。

他にも、たとえば九〇分ごとに休憩を取って頭を休め、リフレッシュするのも効果があるだろう。昼食は仕事をしているデスクでは取らず、外に食べに出かける、あるいは友だちと一緒に取るようにしよう。その際の話題は、仕事以外のことがよい。有給休暇は完全に消化しよう。それは回復期間を与えてくれるだけでなく、生産性を高め、昇進の可能性をも高めてくれることだろう。[注10]

というわけで、私たち夫婦は飛行機のなかでは仕事をしないことに決め、回復に専念するようになった。その効果は素晴らしい。私たちはたいてい、搭乗する時にはすでに疲れている。窮屈なスペースと途切れがちなネット接続のせいで、どうせ仕事ははかどらない。いまではそんな無駄な抵抗はやめて、リラックスし、瞑想や睡眠、映画や雑誌、楽しいポッドキャストなどに充てている。

おかげで飛行機から降りる時には、疲れではなく活力に満ちた状態で、パフォーマンス領域に戻る準備が整っているのだ。

ショーン・エイカー（Shawn Achor）
ポジティブ心理学者、ベストセラー作家。著書に『幸福優位7つの法則』『成功が約束される選択の法則』『ビッグ・ポテンシャル』（すべて徳間書店）がある。リーダーのための研修・コーチングの会社ベターアップで最高経験責任者（Chief Experience Officer）を務める。オプラ・ウィンフリー・ネットワークでオンライン講座を担当。

ミシェル・ギラン（Michelle Gielan）
コンサルタント。元CBSニュースのアンカー。ベストセラーに『悪い知らせをうまく伝えるには？』（草思社）がある。アリアナ・ハフィントンと共同で、「トランスフォーマティブ・ストーリー」（ポジティブなニュース）が与える効果を研究している。

Harvard Business Review Emotional Intelligence RESILIENCE

6

リーダーのレジリエンスを高める四つの戦略

ロン・カルッチ
Ron Carucci

"The Better You Know Yourself, the More Resilient You'll Be,"
HBR.ORG, September 04, 2017.

複雑な変化に備えて適応力を高めておく

「レジリエンス」（再起力）というと、つい、大きな困難から立ち直る力を想像する。だが経営理論の分野ではこのところ、もう少し含みのある定義が提唱されるようになってきている。レジリエンスとは、「複雑な変化への適応能力」だというのだ。

となると今日の世界では、レジリエンスがほぼ恒常的に必要になる。問題は切れ目なく怒濤《どとう》のごとく押し寄せ、組織において一貫しているのは変化だけという状況で、リーダーは継続的なスキルとして、レジリエンスを培う必要がある。手痛い失敗や大きな変化といった、「決定的瞬間」に限ったことではないのである。

私は、大きな変化の渦中にある最高幹部たちを二〇年以上支えてきた経験から、レジリエンスを強くするのに有効な戦略が四つあることに気づいた。

ここでの提言は、リーダー一六七人を対象とした緻密な研究に基づいている。その研究から、レジリエンスの高いリーダーたちは自分をよく知っていることが明らかになっている。自分の強みが何であり、それが何によって引き出されるか、何を強く信じているかをよく自覚しているのである。

このように自分をより深く知ることで、いかにレジリエンスを強くできるかを、以下に紹介する。

①自分のスキルを正当に評価する

今後の先例となるような大きな変化に直面すると、リーダーは身がすくむほど自信が揺らぐ。私のクライアントの一人に、サプライチェーン担当のベテラン幹部がいる。彼は会社の生産フットプリントを改善する一環として、工場閉鎖を発表する必要があったが、工場側がどう反応するかを考えるうちにパニック状態になり、数週間もの間、発表できずにいた。

彼の不安の中心にあったのは、「この決定を説明するのにふさわしい信用性が、自分にはない。数十年にわたって、互いに誠実に付き合ってきた同僚たちから恨みを買うことに、耐えるスキルもない」という強迫観念だった。だが実際は、まさにこの長年の誠実な付き合いこそが、決定を発表するのにふさわしい信用性を支えているのであり、また、彼ならではの行き届いた計画立案をもってすれば、最終的にはネガティブな反応を最小限に抑えられる見通しもついていた。変化を不安視するあまり、自分自身の強みを客観的に見る能力が鈍っていたのだ。

レジリエンスのあるリーダーたちは、自分のスキルと経験を武器にして、目の前の困難に立ち向かう準備がどこまでできているか、また、合理的に欠けていると考えられるところはどこかを、正当に評価する。自分に欠けている部分は他者のスキルで補強し、できる限りの準備をする。何より重要なのは、自分の不足部分を率直に認めて、至らなさを隠そうとしていると見られないよう心がけることだ。

②八つ当たりはできるだけしない

激しい変化の渦中で猛烈なストレスにさらされたり、厳しい市場の逆風に直面したりすれば、リーダーの堪忍袋の緒も切れやすくなる。自分がどんな影響にさらされているかを自覚していないリーダーは、たまたま目の前にいる人に、自分のストレスをぶつけがちだ。事務アシスタントや状況を知らない家族、あるいは役に立とうとしている直属の部下が、的外れなフラストレーションのはけ口になることがよくある。

大きな変化が起こっている時とは、規制上の要件変更や市場の減速といった、誰にもコントントロールできない状況がいら立ちの元になりやすい。逆境に直面して短気になる傾向を抑えられないリーダーは、組織からレジリエンスを奪ってしまう。

自分を知り抜いているリーダーは、他人を傷つけるような見当違いの反応を食い止めることができる。代わりに、自分でコントロールできることに注力する。

③非現実的な期待を順送りにせず、押し戻す

大きな変化がよくもたらす残念な副作用の一つは、非現実的な目標設定だ。たいていの場合、そのような期待は上層部から下りてくる。自分をよく知らないリーダーは、こうした非現実的な期待を、そのまま部下に順送りにする。そこに、自分の被害者意識からくる怒りもにじませる。私はこれまで、多くのリーダーが変革を発表する際、次のように言うのを目にしてきた。「不公平だと承知していますし、失敗するよう仕組まれているようにも感じますが、受け入れざるをえない目標をこれからお伝えします」。これでは、変化に着手する前に組織にあったかもしれないレジリエンスが、きれいになくなってしまうだろう。

自己認識に優れたリーダーは、相手が上司でも顧客でも、誰であろうと、無理な期待を押し戻すことを恐れず、また目標やスケジュールが道理にかなっていない場合は、恐れずに再交渉する。なぜ期待が非現実的であるのか、調整しなければどのようなリスクが課されることになるのかについて、明白な論拠と、証拠になるデータを使って、論理的に自分の言い分を述べた後、組織が成功するチャンスが高まる現実的な代替案を提示する。それはもちろん、こうした非現実的な期待を抱いた経営上層部が、大きな挫折に直面する前にその見通しを修正できるようにするためだ。

いままさに臨もうとしている変化や挑戦は、実際に乗り越えられそうだという自信が持てる時、リーダー自身と、そのチームのレジリエンスは強くなる。

④アンビバレンスに陥った時は、原点に立ち返る

長引く逆境や断続的な変化は、最も粘り強いリーダーからも、やる気を奪いがちだ。

多くのリーダーは無意識のうちに、機械的に対処するだけの「自動操縦」モードに陥る。その結果、逆境を克服したり、変化をくぐり抜けて成功を手に入れたりすることについて、複雑な感情を抱くようになる。そのアンビバレンスが周囲から希望を奪い、努力を断念させること

になる。これが問題なのだ。

私のクライアントの一人は、辞表を出す寸前だった。彼女は大手製薬会社のR&D部長で、急激に加速する製品開発サイクルに直面していた。彼女の面前には、治療分野のリーダーたちの縄張り意識が強いことで知られる、企業文化が立ちはだかっていた。そして、部門間の競争から成功の共有意識へと軸足を移した文化を構築しようと二年間奮闘したあげく、彼女はまさに断念しようとしていた。

だが、「患者の人生を変えられるような優れた医薬品を届けたい」という深い情熱によって、彼女は改革疲れを克服した。また、この情熱が元気を奮い起こすビジョンになり、度量の狭いリーダーたちに、「私が勝つために、あなたには負けてもらう」というメンタリティを押しのけさせる結果につながった。

自分自身のやる気が弱まっていることを自覚しているリーダーは、いま一度原点に立ち戻り、前に進むための努力を倍増させ、さらには周囲の人を鼓舞して同じことをする気にさせる。

＊　＊　＊

組織生活における逆境は、時には大きな変化の結果であり、また時にはその誘因だが、いずれにせよ現代の生活様式の一つだ。この新しい標準に耐えるために、リーダーはより高いレベルのレジリエンスを常に蓄えておく必要がある。

自分をよく知るリーダーは、自分にどのようなスキルがあって何が欠けているか、自分がどのようなフラストレーションを抱えているか、そして、自分にとって核となる原則は何かを明確に把握している。そのようなリーダーは、逆境と変化をくぐり抜けるのに必要なレジリエンスの蓄えを維持して、成功する可能性が高い。

ロン・カルッチ（Ron Carucci）
コンサルティング会社ナバレント共同創設者、マネージングパートナー。組織やリーダー、業界の変革を目指す企業のCEOと幹部を支援する。ベストセラー作家でもあり、著書に最新刊 Rising to Power（未訳）など多数。

Harvard Business Review
Emotional Intelligence RESILIENCE

7

地に堕ちたリーダーは
いかに復活したか

ジェフリー・A・ソネンフェルド
Jeffrey A. Sonnenfeld
アンドリュー・J・ウォード
Andrew J. Ward

"Firing Back: How Great Leaders Rebound After Career Disasters,"
HBR, January, 2007.

現代の英雄伝説としてのビジネスリーダー

リーダーに課せられる試練のなかで、キャリア崩壊の危機からはい上がることほど難しく、またつらいことはない。たとえ、その原因が、自然災害、病気、不正行為、手違い、または何者かの陰謀によるものだったとしても。しかし、本物のリーダーはこんなことにひるんだりはしない。窮地に活路を見つけ、より大胆な決断と勇気を持って対峙する。

ジェームズ（ジェイミー）・L・ダイモンのケースを挙げてみよう。一九九八年、彼はシティグループの社長を解任されたが、二〇〇六年一月よりJPモルガン・チェースのCEOを務めている。

また、バンガード・グループの創業者兼名誉会長ジョン・C・ボーグルは、一九七三年、最初に勤めたウェリントン・マネージメントの社長職を解かれたが、インデックス・ファンドの生みの親として、ガバナンス改革に大きな発言力を持つようになった。

同様に、スティーブン・J・ヘイヤーは二〇〇二年、社長兼COOとしてコカ・コーラの経営に参画したが、二〇〇四年六月、突如同社のCEOを辞職し世間を驚かせ、同年一〇月、ス

7. Firing Back: How Great Leaders Rebound After Career Disasters

ターウッド・ホテルズ・アンド・リゾーツ・ワールドワイドのＣＥＯに就任している。

最も波乱万丈なのは、おそらく不動産王のドナルド・トランプだろう。彼は自身が所有するカジノ事業の財務危機を二度克服し、今日では大規模な不動産ディベロッパーとして、またＮＢＣの人気ノンフィクション番組『アプレンティス』の主演兼プロデューサーとしても高く評価されている。

これらの話はむろん例外であり、一般的なものではないかもしれない。「米国人には第二の人生がない」。米国の小説家フランシス・スコット・フィッツジェラルドのこの有名な言葉は、ビジネスリーダーたちのキャリア崩壊に影を投げかけている。

私たちは、一九八八年から九二年の間に公開企業で起きた四五〇件以上のＣＥＯ交代について分析した。その結果によると、解任されたＣＥＯのうち、その後二年以内に再び経営者として活動を再開したのはわずか三五％であった。二二％は一線から退いて、主に中小企業にカウンセリングを提供したり、取締役会に出席したりする顧問に納まり、残り四三％は事実上そのキャリアを終えて引退していた。

その座を追われたリーダーの復活を阻むものは何か。立ち直れないリーダーは自らを責める傾向にあり、将来に目を向けるよりも過去に引きずられることが多い。事実とは関係なく、彼ら彼女らは密かに、自らのキャリアの挫折はおのれの責任であると考え、自らが張りめぐらせた心理的な網に絡まり、かつての地位に就くことができずにいる。

このような傾向はたいてい、善意の同僚、家族や友人によってますます強化される。彼ら彼女らは、この最悪の事態を取り巻く混乱を理解しようとして、かえって傷口に塩を塗り込んでしまうことがあるからだ。皮肉なことに、せっかくのアドバイスも役に立つどころか、いっそう当人を傷つけてしまうことが多々あるのだ。

いかなる文化圏においても、逆境を乗り越える力は、優れたリーダーに不可欠な特性として描かれる。人類学者のジョセフ・キャンベルは、多大な影響力を持つ著書『千の顔をもつ英雄』[注1]で、世界中の文化圏における偉大なリーダーたちの物語は、時代を問わず、すべて本質的に英雄伝説であることを示している。モーゼ、イエス・キリスト、マホメット、釈迦、アイネイアス、オデュッセウス、およびアステカのテスカトリポカからの生涯は、英雄に普遍的な「アーキタイプ」を踏襲している。

どのような種類のリーダーであれ、そのたどる道はほぼ同じである。偉大な指導者としての役割を託され、（悩ましい選択を伴った）早期の成功、立て続けに起こる試練の数々、大きな挫折、そして彼ら彼女らがその世界を再統一することでもたらされる究極の勝利といった具合である。もし、キャンベルがもう一度筆を執るならば、その研究のなかにビジネスリーダーも含めることになるかもしれない。偉業への道の途中において同様の試練と対峙しなければならないからである。

本稿は、安寧とした立場から突如転げ落ちたリーダーたち、あるいは、思わぬ挫折に苦しんでいる人たちが見事復活し、そして過去の実績さえも上回るようになるまでのプロセスを紹介するものである。

私たちは二二年間、解任されたCEO三〇〇人や職を追われたその他の専門家たちへのインタビュー、リーダーシップに関する学術的調査、コンサルティング、私たち自身の個人的体験などに基づいて研究を重ねてきた。そして、リーダーが意図して対策を講じるならば、必ずや悲劇を克服できることを確信した。

そのためには、まず、どのように反撃するかの決定を慎重に下さなければならない。そしていったんそれを決めたならば、共闘する仲間を募らなければならない。その後、英雄的使命を実現するうえで必要な気質が自分には備わっていることを、自他ともに証明する。このようなプロセスを通じて、自分の英雄的地位を取り戻す手段に訴える。

ジミー・カーター元米国大統領のレジリエンス

このような道程をまさしく物語っている例として、ジミー・カーター元米国大統領ほどの人物はそうそういない。

カーターは再選を懸けた一九八〇年の大統領選挙でロナルド・レーガンに大敗し、精神的に疲労困憊する。後に彼が私たちに語ったところによれば、「私はジョージア州プレーンズに戻り、すっかり疲れ果てて丸一日眠りました。そして起きた時にはまったく新しい、無用な、ともすると空虚な生活が待っていたのです」。

エネルギー分野における規制緩和の成功、国際的な人権向上への努力、キャンプデービッド合意を通じたイスラエルとエジプトとの和平調停の成功など、自分の実績を誇りに思う一方、選挙で敗退した後は、特にイランでの米国大使館員人質事件で即時解放に失敗したような経験についていら立ちと厭世観を持て余すこともあった。

7. Firing Back: How Great Leaders Rebound After Career Disasters

その苦痛と屈辱にもかかわらず、カーターは怒りに訴えることも、自らを憐れむこともなかった。彼は、自分の国際的知名度の高さを利用すれば、世界に対して大きな影響力を振るえる立場を取り戻す戦いを始められると気づいたのである。

そうして彼は、妻ロザリン、政権当時のメンバー数人、科学者や社会科学者、世界のリーダー、およびカーター・センター設立に向けた支援者たちからの心強い支援の下、ともに戦う仲間たちを募った。第一線に踏みとどまることで、彼は自分自身の勇気を証明してみせたのである。

事実、エチオピアとエリトリア、リベリア、ハイチ、ボスニア、ベネズエラにおける国際紛争の調停に従事し、その過程で自分は過去の人ではないことを実証した。

彼が再び英雄としての名声を博すこととなったのは、二〇〇二年に、「長期にわたり、国際紛争の平和的解決を探し求め、民主主義と人権を尊重し、経済的、社会的発展へのたゆまぬ努力」が称えられ、ノーベル平和賞を授与された時である。

そして彼は、カーター・センターを通じて、人権の推進といわれのない苦しみの解消に取り組み続けるという、自らの英雄的使命を再発見したのである。

では、他の優れたビジネスリーダーたちがどのように同じ道をたどり、悲惨なキャリアの崩壊から立ち直ったのかについて見てみることにしよう。

どのように反撃に転じるか

思いがけないキャリア上の災難に直面した時、真っ先に下すべき決断は、骨が折れ、コストもかかり、ともすると気まずい戦いになるかもしれないが、自分を失脚させた状況に立ち向かうのか、さもなければ、誰にも気づかれないように、または一日も早く忘れてほしいと願いつつ、うっちゃってしまうかである。

もちろん、直接対決を避けることがベストの場合もある。たとえば、ホーム・デポの共同創業者バーニー・マーカスは、自分をハンディ・ダン・ホーム・インプルーブメントから解雇したコングロマリットの経営者サンディ・シゴロフとの泥沼訴訟を回避することを決断し、法廷よりも市場を戦いの場として選んだ。この結果、ホーム・デポはいまや年商一〇〇〇億ドルに達し、数十万人の従業員を抱えている。

7. Firing Back: How Great Leaders Rebound After Career Disasters

潔く身を引くことで復活を果たした人物は他にもいる。先のダイモンは、一六年間ともにシティグループを率いたパートナーのサンディ・ワイルから社長職を解かれた。彼は私たちや他の人たちに、その時の失意や不服の感情を明かしてはいない。しかし、モニカ・ラングレイの著書には、ワイルがダイモンに辞任するよう求めた時のことが記されている。(注2)

ダイモンはショックを受けたが、こう答えた。「君が考えに考え抜いた結論である以上、僕にできることは何もない」。すでに用意されていたプレスリリースにざっと目を通すと、ダイモンは取締役会もワイルに賛成していることに気づいた。会社はダイモンに法外ともいえる退職手当を提案したため、ワイルと争うことは無意味に思われた。

ダイモンは失業中、心底苦しみにさいなまれた国家元首たちの伝記を読んだ。また、ボクシングも始めている。おそらくは、ストレスや精神的苦痛を紛らわせるためだったのであろう。

一年後、ダイモンはいい加減決着をつけなければならないと判断し、ワイルをフォーシーズンズホテルでの昼食に招き、感謝の意を表した。その時の様子はハーベイ・マッケイの『私たちは解雇された』(注3)(未訳)で次のように描かれている。

「私はすっかり落ち着いていた。サンディから私に電話がかかってくることはなかったが、私は彼が私にしたことについて、感謝を述べる準備はできていた。いったい何が起こったのか、二人で話し合うべきだとわかっていた。私はもうこの件を忘れて前へ進みたかったのだ。『彼とはかれこれ一六年も一緒だったのだ』。もう一人の私がこう言っていた。一二、三年の間はとてもうまくいっていた。物事の一面だけを見てはいけない。私は自ら過ちを犯したのだ。そう、自分にも非があることを認めていた。自分の責任が四〇％なのか六〇％なのか、もはやそんなことはどうでもよかった。彼と旧交を温めることを歓迎すべきだと感じていた」

こうして、ダイモンは自分の追放劇を、有益な視点と揺るぎない決意の両方を生み出す状況に転換することができたのである。

その昼食から半年後の二〇〇〇年三月、ダイモンは、ファースト・シカゴと合併したシカゴの巨大銀行バンク・ワンのCEOとなった。その年、バンク・ワンは五億一一〇〇万ドルの赤字を計上した。しかし三年後、ダイモンの指揮の下、バンク・ワンは三五億ドルという記録的な利益を上げ、株価は八五％も急騰した。

この復活劇には続きがある。バンク・ワンは二〇〇四年、ワイルが長年合併を狙っていたJPモルガン・チェースと合併したのである。ダイモンは新会社のCEOとなり、現在では金融

7. Firing Back: How Great Leaders Rebound After Career Disasters

業界において世界で最も影響力のある経営者の一人として認められている。

ただし、一歩退いて「正義は必ず勝つ」と考えることが、常に正しいとも限らない。タイム・ワーナーのCEO交代劇において、下馬評の高かったニック・ニコラスは、狡猾なライバル、ジェラルド・レビンに出し抜かれてしまったが、古巣と一戦交えようとはしなかった。コロラド州ベールにスキーに出かけ、お座敷がかかるのを待ったのだ。その後、ニコラスは新規事業を支援する投資家として成功を収め、大学教授や取締役会のメンバーにもなったが、大手上場企業のリーダーに返り咲くことはなかった。

そのほか、フォード・モーターのジャック・ナッサー、ヒューレット・パッカード（HP）のカーリー・フィオリーナ、IBMのジョン・エーカーズ、ユナイテッド航空のリチャード・フェリス、そしてアップルのジョン・スカリーなども、大企業のリーダーに復帰できないままである。

彼ら彼女らは世間から才能あふれるリーダーと認められており、近年跋扈《ばっこ》している悪徳CEOのように、株主の富をかすめ取ったとして非難されたわけでもない。彼ら彼女らは、反撃をしなかった。そして、CEOの席に戻ることはなかった。

ファイト・オア・フライト──戦うのか、あきらめるのか

「ファイト・オア・フライト」、すなわち、「戦うのか、あきらめるのか」の判断を下す際には、まず自身の評判に及ぼす影響、または潜在的な影響について考えるべきである。言うまでもなく、リーダーの座にある者にとって、評判はかけがえのない資産だからだ。解任されたCEOなどのビジネスリーダーたちは、持てる資産や経験を総動員してキャリアの回復を試みるかもしれないが、それに成功するか否かは、彼ら彼女らの評判次第である。

勝ったとしても大きなダメージを被る戦いならば、あえて避けるべきだろう。純粋に復讐のためだけに戦えば、シェークスピア悲劇のごとく、当事者のすべてに不幸が訪れる。

たとえば、HPの取締役だったトム・パーキンスは、同じく取締役会の仲間であり、また友人であるジョージ・キーワースを取締役会の機密漏洩疑惑から守ろうとして、会長のパトリシア・ダンを失脚させただけでなく、はからずもキーワースに鞭打つ結果となり、同じく取締役会から追い出すはめになってしまった。このように白日の下にさらしてまで告発し、疑惑と戦うならば、事態をより悪化させないかどうか、十分検討する必要がある。

7. Firing Back: How Great Leaders Rebound After Career Disasters

ただし、キャリアに壊滅的な痛手を受けるに十分であり、またキャリアの回復もままならないような疑惑をかけられた時には、リーダーは反撃しなければならない。

二〇〇六年に脳卒中で倒れた、イスラエルのアリエル・シャロン前首相について考えてみよう。彼は一九六七年の第三次中東戦争において、エジプト戦線で勝利を収めた指揮官である。一九八二年、メナヘム・ベギン内閣の国防相として、レバノンにあるPLO（パレスチナ解放機構）への攻撃を開始した。その機に乗じて、キリスト教系民兵組織がPLOへの報復行為として、イスラエル管理下にあるサブラ、シャティーラの両難民キャンプで何百人ものパレスチナ人を虐殺している。

『タイム』誌の一九八三年二月二一日号はその巻頭記事で、この大虐殺は、キリスト教徒だったレバノン大統領バシール・ジェマイエルの暗殺に復讐しようとするシャロンと民兵の共謀であった、と報じている。

シャロンはイスラエルとニューヨークで『タイム』誌を訴え、どちらの法廷でも、陪審は『タイム』誌の告発が誤りであり、誹謗中傷であると認めた。出版社は和解に応じ、謝罪した。「この戦いは非常に長くつらいものでしたが、その価値は十分ありました」と当時のシャロンは述べている。「私は『タイム』誌が嘘をついていることを証明するためにここにやってきました。『タイム』誌が本当に嘘をついていたことを我々は証明できたのです」

暴れん坊のシャロンは自らの評判を回復させるために、戦いを慎重に計画し、これに集中し、覚悟を持って実行したのである。もし自分を自分で守らなければ、他に誰も守ってくれる者などいないことを彼は承知していた。このような誤った中傷に敢然と立ち向かい、命を懸けて前進しなければ、シャロンが名誉を挽回し、再び公職に戻ることはかなわなかったであろう。

支援者を募る

真っ向勝負するにしろ、戦略的に一時撤退するにしろ、自分の評判を回復させるには、何よりまず支援者を集めることが欠かせない。その復活を後押ししてくれる友人や知人ならば、貴重なアドバイスをくれるだろう。また、このように自分のことを真剣に考えてくれる人たちから、それまでに下してきた選択の是非について一定の見解が得られるだろう。

人間は信頼する人には、あえて自分の弱みを見せようとするものだ。実際、裸の自分をさら

7. Firing Back: How Great Leaders Rebound After Career Disasters

け出せなければ、過去に学び、虚心坦懐かつ批判的に自分を見つめ直すことなど、望むべくもない。

しかし、家族や友人が個人的な支援を傾けてくれても、あまり役に立たない場合がある。ある調査によると、新天地でやり直すチャンスは、親しい友人よりもちょっとした顔見知りを介して舞い込んでくることが多いという。

スタンフォード大学社会学部教授のマーク・グラノベッターは、有名な研究のなかで、知り合いを通じて仕事に就いた人のうち、最低週二回は会う人の紹介によるという人はわずか一六・七％にすぎず、五五・六％は年一回会う程度の知人の紹介であったことを明らかにした。さらに求職者の二七・八％は、年一回会うか会わないか程度の縁遠い知人、たとえば大学時代の旧友、前職の同僚、業界団体を通じて知り合った人などを介して仕事を見つけていた。

言い換えれば、週二回以上会う人よりも年一回会うかどうかの人からのほうが、仕事の話が舞い込んできやすいということだ。親しい友人の場合は自分と同じ人脈を共有しているが、単なる知り合いは人脈が異なるため、思わぬチャンスをもたらしてくれる可能性が高いからである。また、知り合いの知り合い、そのまた知り合いをたどっていけば、たいていの人にたどり着けるだろう。傷つけられたキャリアから立ち直ろうとしている時には、このように、自分とは無縁に思える遠い知り合いが復活のカギを握っていることがある。

とはいえ、人脈が広いだけでは十分とは言いがたい。やはり人脈の質が重要である。ホーム・デポのバーニー・マーカスの話がその典型である。

マーカスは、親会社デイリンの威圧的な上司、サンディ・シゴロフにあらぬ疑いをかけられ、ハンディ・ダン・ホーム・インプルーブメントのCEOの職から解かれた。彼はそのことで深く傷ついた。「私は自分を憐れみました」とマーカスは語った。「悲しみに暮れ、何日も眠れない夜が続きました。大人になって、初めて建築のことよりも我が身について考えるようになりました」

しかし、マーカスには思わぬ財産があった。そう、人脈である。親しい友人やともに働いた同僚であろうと、たまに付き合う知人であろうと、マーカスは人並み以上の誠実さと尊敬と信頼を持って対応していた。彼が助けを求めた時、これが報いられた。

マーカスがホーム・デポを始められるようになったのも、それほど親しい間柄ではなかったセキュリティ・パシフィック・ナショナル銀行のリップ・フレミングのおかげであった。

マーカスはホーム・デポを興す資金として二〇〇万ドル集めたが、新会社を首尾よくスタートさせるにはまだ足りなかった。彼はいくつかの銀行に融資を打診したが、ことごとく断られた。最後に彼は、セキュリティ・パシフィック・ナショナル銀行のフレミングの元を訪れた。

マーカスとフレミングは以前から、二人の関係は単に銀行家と顧客という商売上の付き合いにとどまることはないだろうと感じていた。実際、フレミングはハンディ・ダンでマーカスのアドバイザーでもあった。しかし、このような強い絆にもかかわらず、フレミングは当初、マーカスがロサンゼルスに飛んでそのアイデアを納得させるまで、融資を渋っていた。

最終的に同行は三五〇万ドルの融資枠を提供し、めでたくホーム・デポは操業を始めた。マーカスは知らなかったが、その申請は行内の審査部から何度も却下されており、フレミングが辞表を手に社長室へ乗り込んで初めて承認されたのだった。

人脈づくりは、キャリアのやり直しに大きな影響を及ぼす。マーカスは、ほとんどの人が面識を得る程度で終わってしまうような場合でさえ、比較的強い関係を築いた。こうした親和力はリーダーのレジリエンスを測るリトマス試験紙と言える。つながりを広げ、深められる人は、その運命が翻弄された時にも、どこからか助け船がやってくるものだ。

英雄的地位を取り戻す

傷ついたキャリアを修復するには、仲間を得るだけではまだ足りない。完全復活を果たすには、より広範な人たちから支援を仰ぐために、何か行動を起こさなければならない。それは、私たちが「英雄的地位」と呼ぶものを取り戻すことである。

一流のリーダーは、自分を等身大以上に見せる「ペルソナ」（仮面）を持っている。そのためには、自分が提案する個人的な夢を、公のものとして共有できるように育てることだ。もしその個人的な夢が人々の共感を呼べば名声を博することになるが、何らかの理由で受け入れられなかった場合、その夢と公人としての立場の両方を失い、つらい憂き目に遭うこととなろう。

キャリアを立て直すことができるのは、自分の英雄的地位、つまり以前のような公的な評判を回復できた時だけである。英雄的地位を回復させるには、自分に起こった事実を公に伝え、知らしめるために、具体的に語らなければならない。

CEOが解任される時、その理由はたいてい故意に隠されることが多い。それは、取締役会が会社や自分たちの評判を守るためである。組織はしばしば、面子のために手の込んだ策を弄

7. Firing Back: How Great Leaders Rebound After Career Disasters

して、解任の実情を隠蔽する。報道では、CEOが「個人的な理由で」とか、「家族と過ごす時間をもっとつくるために」辞職したと婉曲に伝えられる。

しかし、解任されたCEOにインタビューしてみると——私たちは、退職時には会社の方針に従うことを条件として、七桁の退職金を受け取る契約にサインをしたことのある人たちにもインタビューを実施している——その最大の不満は、自らにとっての真実を語ることができず、それによって英雄的地位の回復ができないということにある。

これは、実は無罪だったにもかかわらず、公には会社の犠牲にさせられた場合に起こる問題である。このような場合、CEOが意を決して事実を明らかにしない限り、マスコミは勝手な憶測を並べ、もはや回復不能なくらいまで、彼もしくは彼女の評判を傷つけてしまう。

世の中では、解任されたリーダーは「会社の名誉を傷つけない」という契約にサインし、一定期間同じ業界で仕事をしないという非競争条項を受け入れ、最後は金をもらって逃げていくと思われている。しかし、このような契約に応じることは間違いだと強く言いたい。金はいずれなくなってしまうものであるし、自分の物語を公表することもできない。もし、公の席で口をつぐむことに合意するならば、何年間かは失業に耐える覚悟が必要だろう。

ここで、エンロン事件であまり知られていない登場人物、ダニエル・スコットが思い出される。スコットは、グローバルな投資銀行、BNPパリバの調査部門を率いる金融アナリストだった。彼は早い段階から、エンロンが主要事業のほとんどで損失を出しており、オフショア取引を駆使して利益を稼いでいるかのようなイメージをつくり上げていると指摘していた。

パリバはエンロンの債務の相当部分を引き受けていたため、スコットに撤回を求めた。彼が従わないでいると、パリバは三週間の医療休暇を押しつけ、その後、解雇した。その際、会社の名誉を傷つけないという契約に無理やりサインさせられ、事実を公表することができなくなった。結局、スコットは五年間、失業したままである。

マーサ・スチュワートは、その轍を踏まなかった好例である。ここ最近において、事実を明らかにしたCEOのなかで最も有名な例であり、彼女は、どうすれば英雄的地位を取り戻すことができるのかについてのモデルと言える。スチュワートは満を持して、さまざまなキャンペーンを展開し、自らの評判の回復に成功した。

イムクローン株のインサイダー取引に関する連邦政府の捜査によって、司法妨害の罪で起訴された翌日、スチュワートは『USAトゥデイ』紙と『ニューヨーク・タイムズ』紙に全面広

7. Firing Back: How Great Leaders Rebound After Career Disasters

告を出し、ウェブサイト「マーサ・トークス・ドットコム」を立ち上げた。また、ファンに向けた公開書面のなかで、彼女は自らの無実と身の潔白を証明すると公言した。英雄がつまずく時、支持者はその人物の二つの相反するイメージ——すなわち、かつて備えていた等身大以上の存在感と落ちぶれた現在の姿——に折り合いをつけなければならない。スチュワートはこのことを直感的に理解していたのだ。その公開書面のなかで、自分の言い分を確実に知らしめることにより、巧みに混乱を排除したのである。

彼女はそのなかで、インサイダー取引に関するいかなる容疑も否定し、政府が立てた三人の証人は信頼できないと力説した。その一方、自分の英雄的地位を信じ続けるよう、ファン以外の人たちにも積極的に働きかけた。

スチュワートの公開書面は、彼女の弁護士であるロバート・G・モービロとジョン・J・ティーグ・ジュニアが彼女のウェブサイトに載せた声明によっても支持された。二人はマスコミに向けて、なぜ政府が一連の容疑を申し立てるのに一年半近くもかかったのか、調査するように要求した。そして「彼女が、男性が支配するビジネス社会で勝利した女性だからこのようなことになったのではないか。彼女の勝利は、おのれの才能、懸命な努力、そして自らに厳しい基準を課すことでもたらされたものである」と問いかけた。

このような弁護士の助けもあって、スチュワートは巧みに、しかも首尾よく、政府というゴリアテに対抗して奮闘する正しく勇敢なダビデを演じたのだった。そして彼女のファンは、堕ちたスターを見捨てるどころか、彼女の味方に回った。

こうしたファン心理の驚くべきパワーは、マーサ・スチュワート・リビング・オムニメディアの株価で測ることができる。スチュワートが実刑を下され服役中の間でも、株価は単に回復しただけでなく、まだ誰もイムクローンや不運な株取引のことを知らない以前から、五〇%も高騰している。

彼女が刑務所から釈放されるや否や、同社の株価は史上最高値に迫り、彼女の雑誌の広告収入も上昇し、ついには全国放送のテレビ番組を二つ抱えるようになった。スチュワートが自分の物語を語れば語るほど、ファンたちは彼女に傾倒していった。

マーサ・スチュワートは、実際に起こったことを法廷で正しく説明することが可能だった。しかし、もしそれができない場合、あるいは本当につまずいてしまった場合は、どうすればよいだろう。解任の理由があまりに罪深く、それに異議を唱えることもかなわない場合には、心の底から後悔の念を表明することだ。大衆は往々にして、心からの悔恨と償いにきわめて寛大である。

真実の勇気を示す

転落した直後には、不当な罪と戦う術を知り、支持者を引き入れることがまず必要である。ただし最終的には、その次の段階へ進むか、あるいは新たな組織を興すことができてこそ、ようやく完全に復活したと言える。自分がまだ信用に足りうる人間であること、または優れた業績を上げられることを証明できれば、周囲の人たちはあなたのことを、その不幸な出来事に打ち勝つ勇気を持っていると思うようになるだろう。

とはいえ、真の勇気を示すことは容易ではない。堕ちたリーダーというものは、その復活の途上において数多の障害に遭遇する。「はたして、もう一度返り咲くことができるのだろうか」という自身の能力への疑いは少なからずある。解任された某CEOはこのように語る。

「私がCEOに戻って、『やれやれ、また同じことを一からやり直さなきゃいけないのか』など言うことはないでしょう。もう一度チャンスが回ってくる可能性など、ほとんどないのだから」

しかし、立ち直ったリーダーたちは間違いなく、自分の能力への疑念を乗り越えた者にほかならない。得意な領域からまったく未知なる領域へ転身しなければならない場合でも、挑戦を恐れないリーダーもいる。逆境を跳ね返す力こそ、打ち砕かれた自信を修復するとともに、いま一度その内なる強さを証明し、リーダーとしての権威を取り戻すうえで最も重要なものだ。

ミッキー・ドレクスラーの例を見てみよう。一九八三年、ギャップの創業者ドナルド・フィッシャーがドレクスラーをアンテイラーから引き抜いた時、ギャップは競争に四苦八苦していた。他社と同じような服を販売しており、価格競争に陥っていたのだ。

ドレクスラーは会社を拡大して、ギャップの旗艦店をてこ入れすると同時に、ギャップ・キッズ、ベイビー・ギャップ、ギャップ・ボディのほか、バナナ・リパブリックやオールド・ネイビーといったブランドを展開した。彼が在任した一九八三年から二〇〇〇年まで、ギャップの売上高は四億八〇〇〇万ドルから一三七億ドルへと増加し、株価は一六九倍に上昇した。

しかしその後、異変が生じる。すると、「ドレクスラーは先見の明という商才を失ってし

7. Firing Back: How Great Leaders Rebound After Career Disasters

まった」と非難された。アナリストやマスコミは「流行の先端を追いすぎている」と批判した。問題の本質は、創業者であるフィッシャー兄弟があまりに多くの店舗を出したこと、これらが近接しすぎていたことにあるという指摘もあったが、四半期ごとの既存店売上高は二年間落ち続け、株価も七五％急落するという不振の責任は、ドレクスラーが背負わされた。

二〇〇二年五月二一日、ドレクスラーは取締役会に次季の製品ラインを発表した。彼は秋の商戦は素晴らしい結果になると確信していたが、取締役たちは納得しなかった。そして翌朝、いまの企業規模はドレクスラーの手に余ると考えたフィッシャーは、彼を解任した。

ドレクスラーは当時、すでに十分な個人資産を蓄えていたが、それでもなお、過去二年間の失敗はそもそも自分のせいではなく、また自分の能力が劣っていたわけでもないことを証明しようと決意した。周囲からの信頼はもとより、自分自身への信用を取り戻す唯一の方法は、再び専門性を示す立場に戻る以外に道はないと彼はわかっていた。

ドレクスラーは数百万ドルの退職金を、非競争条項が含まれていたために突っぱねた。いくつかの選択肢を検討していた時、不振にあえいでいたアパレル小売りのジェイクルーを経営するチャンスがめぐってきた。わずか二〇〇店舗のジェイクルーは、ギャップの数分の一程度の規模だったため、ドレクスラーのマネジメント・スタイルの影響が行き渡りやすく、彼の能力を示す絶好のチャンスとなった。

ドレクスラーは自ら一〇〇〇万ドルを投資して、個人株主や投資会社テキサス・パシフィックから株式の二二%を買収した。彼の報酬は前職のそれの一〇分の一にも満たず、「この会社を経営するために、どれだけ費やしたかわかりません」と、彼は買収からほどなく『ニューヨーク』誌のなかでおどけながら語っている。

その結果は、ドレクスラーにはまだリーダーとしての資質が備わっていることを証明するにとどまらなかった。ジェイクルーは二〇〇三年に三〇〇〇万ドルの営業損失を出した後に見事再生を果たし、二〇〇四年には三七〇〇万ドル以上の営業利益を上げたのである。小売業の主要指標の一つである、店舗面積一平方フィート当たり売上高は、三三八ドルから四〇〇ドルへと一八%増加、一方ギャップのそれは三%下落した。

二〇〇六年の夏までに、ドレクスラーは売上高と利益の両方を二〇%増加させ、またIPO(株式新規公開)も広く歓迎された。マスコミは彼の復帰を祝して、その疑う余地のない才能を認めた。

他の事例同様、ドレクスラーの場合も、きわめて厳しいと思われる状況において、自身の真価を証明することが求められた。堕ちたリーダーたちが再び神の祝福を受ける舞台は、概してベンチャー企業や事業再生であることが多い。

実際、リーダーがその神秘的な能力を失っていないこと、また、その復活において乗り越えられない障害などないという気概を自らに言い聞かせ、人々に示すのは、このような過酷な状況においてである。

英雄的使命を実現させる

一流のリーダーはたいてい、その生涯を終えてもなお、後世に語り継がれるような遺産を築き上げたいと望む。これは何も、ツタのからまる大学校舎に自分の名前を刻みたいという意味ではなく、むしろ会社を興すことで社会を進歩させたいという意味である。これを私たちは「リーダーの英雄的使命」と呼んでいる。

本稿で取り上げたリーダーのほとんどが、まだキャリア上の挫折にさいなまれる前から、未来への遺産に思いをめぐらせていた。生涯をかけて実現しようと思っていたことが危機に瀕し、自らの英雄的使命が失われることは、リーダーにとっては心をかきむしられるようなことなのである。

たとえば、スティーブ・ジョブズが一九八五年にアップルから追い出された日、友人のマイク・マーレーは彼のことを心配して、彼の家へ赴き、ジョブズが自殺したりはしないと確信するまで、何時間も彼とともにいた。

ジョブズは絶望に浸り続けることはなかった。アップルから追放された一週間後、彼は欧州へと飛び、パリで数日過ごした後、北イタリアのトスカーナを目指した。そこで彼は自転車と寝袋を買い、星空の下でキャンプをし、「次に何をしようか」とあれこれ考えた。イタリアの後は、スウェーデン、そしてロシアへと向かった。

その後、カリフォルニアに戻り、もう一度情熱と野心を取り戻したジョブズは、「私はＩＴの世界で何ができるのか」と考え始めた。そして、ネクスト・コンピュータを設立する。同社は一九九六年にジョブズがアップルに復帰した際、アップルに四億ドルで売却された。その一方、ピクサー・アニメーション・スタジオの大成功の立役者にもなった。

そしてアップルへ戻るや、ジョブズはｉＭａｃ、ｉＢｏｏｋ、ｉＰｏｄといった革新的でデザイン性の高い製品によって再建のリーダーとなり、ｉＴｕｎｅｓなどの新たな成長ビジネスへと組織を向かわせた。

スティーブ・ジョブズはマーサ・スチュワート同様、本来の英雄的使命を取り戻すことに成功したのである。しかし、失脚したリーダーたちの大半は、かつて活躍した世界から締め出されてしまったため、一からやり直さなければならず、次のチャンスを探して新たな英雄的使命を見出さなければならない。

「ジャンク債の帝王」と呼ばれた、ドレクセル・バーナム・ランベールのマイケル・ミルケンも、新たな道を歩まなければならなかった。ミルケンの人生はまさしくアメリカン・ドリームだった。七月四日（独立記念日）に生まれたミルケンは、四〇代半ばで億万長者となり、世界で最も影響力のある金融関係者の一人となった。しかし、やがてすべてが崩れ落ちていく。

彼は九八件の訴因で刑事告発され、インサイダー取引、株式の偽装取引、価格操作、恐喝、および顧客からの搾取など、ＳＥＣ（証券取引委員会）から大規模な民事訴訟を起こされた。ミルケンは比較的軽い六件の罪については有罪を認めたが、一九九〇年一一月、禁固一〇年の判決を受け、六億ドル（当時）を支払うことに同意したが、結局、執行猶予違反でさらに四二〇〇万ドルを追加で支払うはめになった。一年一〇カ月間の服役後、ミルケンはその他の審問に協力的だったことから早期釈放された。

釈放されて一週間後、ミルケンは末期の前立腺がんであると診断され、余命一年から一年半と伝えられる。彼は新たな使命、すなわち、がんに打ち勝つことに全身全霊を傾けた。積極的な治療と、自身による食事療法の研究の甲斐もあって延命した彼は、一九九三年、前立腺がんの研究を支援する前立腺がん財団を設立した。またミルケン・インスティテュート、ファスター・キュアーズといったシンクタンクを立ち上げ、世界の科学、政治、宗教、ビジネス分野におけるトップ・リーダーたちに働きかけている。

ミルケンは依然、告訴が不当であったと主張している。異議を唱える者もいるだろうが、ミルケンの捲土重来を疑う者は少ないだろう。大衆は彼がその罪を償ってきたことを受け入れ始めてきており、厳しすぎたのではないかと考え直す向きさえある。

カーターやジョブズ、ミルケンは、明らかに平凡なリーダーと一線を画する。それは、ひたむきに情熱を傾けて、英雄的使命を追求しているからにほかならない。そして、これに続こう

7. Firing Back: How Great Leaders Rebound After Career Disasters

という共感を呼び、多くの人々を突き動かしている。

人生の目的を奪われ、しかももう一度追求することすら禁じられてしまうと、空しさに包まれ、心残りに苦しむ。最悪の場合、生きる理由すら失いかねない。それまでの人生の目的に代わる何かを見つけることは、厳しい苦行かもしれないが、復活を果たすにはどうしても不可欠である。

＊　＊　＊

以上紹介してきたリーダーたちの悲劇と輝かしい復活劇は、遠い世界の出来事、まるでフィクションのように聞こえるかもしれない。しかし彼ら彼女らの物語は、キャリアの破綻から立ち直ることについての貴重なレッスンなのである。

見事なカムバックはどのような業界であっても可能だが、その業界ならではの行動規範によって、リーダーが取り組むべき内容は異なる。たとえば聖職者の場合、ピンク・スキャンダルが明るみになれば、おそらくジ・エンドだろうが、芸能人ならば、いずれ立ち直り、かえってその悪評から恩恵に浴することもある。ある職業では信頼が、別の職業では名声が尊ばれる。このように、復活の戦略はさまざまな分野の文化に見合ったものでなければならない。

どのような業界に身を置いていようと、忘れてならないことは、敗北している時でさえ、誰にでも人生にはさまざまな選択肢が用意されているということである。健康、愛する者、仕事などを失うこともあろうが、残るものも多くある。

成功と失敗を決められるのは他の誰でもない、あなただけである。自ら屈することがない限り、誰もあなたの尊厳を奪うことはできない。あきらめなければ、誰もあなたの希望を奪うことはできない。思考を止めなければ、誰もあなたの独創性、イマジネーション、スキルを盗むことはできない。そしてもちろん、誰もあなたの復活を邪魔することはできない。

ジェフリー・A・ソネンフェルド（Jeffrey A. Sonnenfeld）
イェール大学経営大学院副学部長、レスター・クラウン記念経営実践講座教授、およびイェール大学エグゼクティブ・リーダーシップ・インスティテュート所長。

アンドリュー・J・ウォード（Andrew J. Ward）
ジョージア大学助教授。経営管理論が専門。

本稿は、両名の共著『逆境を乗り越える者』（武田ランダムハウスジャパン）の翻案である。

7. Firing Back: How Great Leaders Rebound After Career Disasters

失敗から立ち直る

立ち直るまでの道のりにおいて、最も重要なステップは、失敗と向き合い、素直にこれを認めることである。たとえその失敗が、他人の権謀術数の駆け引きの結果であるとわかったとしてもだ。そこで、キャリアの再構築に着手するにあたって、必ず次のことを実践されたい。

- 失敗は始まりであり、けっして終わりではない。カムバックはいつでもできる。
- 将来を見据えよ。先手を打つことは、概して後手に回るよりも、また時間をかけて次の手を熟考するよりも効果がある。
- 周囲から力を貸してもらえるように振る舞う。親友ですら、何と言えばよいのか、どうすればよいのかわからず、あなたを避けることがある。援助を受け入れる準備が整っていること、そしてどのような助けがいちばんありがたいか、彼ら彼女らに知らせてあげよう。
- 自分の物語をよく理解しておくこと。人望を得るには、事態に関する自分の見解を公にし、失脚の説明を繰り返す必要がある。これを首尾一貫して実践されたい。

第二幕をいかに始めるか

三〇〇人以上の失脚した元CEOへのインタビューだけでなく、リーダーシップに関する学術的調査、コンサルティング、および個人的体験から、キャリア上の思いがけない災難から立ち直るための、五つのステップが明らかになった。

決定的な挫折から立ち直ろうと頑張っている人はもれなく、これらのステップを踏むことで、過去と同じ、もしくはそれを超える実績を実現させることが可能である。

①**いかに反撃に転じるかを決める**：犠牲が多く、およそ引き合わない勝利は、かえって非難が集中し、結局傷つくことになりかねない。しかし、自分の評判が不当に損なわれた場合は、迅速に行動を起こさなければならない。

②**支援者を募る**：助けが必要な時、友人や家族は、癒やしのみならず、ことによると有益な視点を与えてくれるかもしれない。ただし、転職する際には、知人がより重要な存在になることが多い。

③**英雄的地位を取り戻す**：更迭されたリーダーはたいてい、相手の名誉を傷つけない契約にサイ

7. Firing Back: How Great Leaders Rebound After Career Disasters

ンするよう勧められる。それはけっしてしてはならない。そして、さまざまな機会を使って身の潔白を証明し、名声を取り戻すのだ。

④真実の勇気を示す：キャリア上の思いがけない災難に苦しんでいる時、「まだ自分にはトップの座に返り咲ける力がある」などとは、およそ考えられないだろう。そのような渦中にあっても、不安を克服し、他人に対しても、また自分自身に対しても、まだ神秘的な能力を失ってはいないことを証明する気概を取り戻さなければならない。

⑤英雄的使命を実現させる：一流のリーダーとは、後世に残るような遺産を築くことに懸命になれる人間である。悲惨な挫折から立ち直るには、その情熱をいま一度燃やし、新しい人生の意義を見出せるような英雄的使命を再発見しなければならない。

8

フィードバックで受けたショックから立ち直る方法

ジョゼフ・グレニー
Joseph Grenny

"How to Be Resilient in the Face of Harsh Criticism,"

HBR.ORG, May 30, 2019.

なぜフィードバックにショックを受けてしまうのか

私たちのほとんどは、「フィードスマック」（feedsmacked）を経験したことがあるだろう。ミーティング中や、何気なく廊下を歩いている時、あるいは勤務評価の最中に、思いがけず厳しいフィードバックを食らって、心の底から衝撃を受ける経験だ。

そこで私たちの研究チームは、オンライン調査で「人生で最悪のフィードスマック経験」を募集し、四四五件の事例を集めた。

なかには、たしかに強烈なことを言われた人もいた。「辞めたらどうだ。私が必要としているのは意気地なしではなく戦士だ」「君は自分が正しくありたいばかりに、周囲を操っている。人のことなんて考えていない」などである。

一方、そこまで辛辣ではないが、依然としてきついことを言われた人もいた。「あなたがキレると、みんな見下されている気がする」「君のメールを何とかしろ。回りくどいことを言わずに、事実だけ書いてくれ」などだ。

多くの回答者は、大昔にもらったコメントに、いまも苦しんでいた。私も同じような経験があるから、その気持ちはよくわかる。あるメールへの対処法を気に入らなかった同僚から、「クソバカ野郎」と言われ、おまえなんか破滅させてやると言われた時のことを思い出すと、いまでも胸が苦しくなり、恐怖が甦る。

こうした辛辣な言葉を投げかけられた人は、もっと穏やかな表現で批判された人よりも深く傷つくに違いないと、私は直感的に思っていた。だが、驚いたことに、表現の厳しさ・穏やかさにかかわらず、相手のフィードバックに圧倒され、動揺するレベルは変わらないことが、今回の調査でわかった。

また、批判的なことを言われても、相手に食ってかかった人がほとんどいなかったことも驚きだった。

きついことを言われた直後の感情として、九〇％近くが「あぜんとした」「あきれた」「ショックだった」「愕然とした」「頭が真っ白になった」と答え、四〇％が「恥」関連の感情を持ったと答えた。「面目がなかった」「自分が無価値だと思った」「傷ついた」「悲しかった」「自信を失った」などである。一方、「怒り」「裏切り」「暴力」など、感情の矛先が相手に向かった人は一五％しかいなかった。

なぜ、穏やかな表現の批判でも、攻撃的なコメントと同じくらい大きな苦悩をもたらすのか。それは私たちが皆、承認を切望しており、真実を恐れているからだ。

自分の安全と価値に対して、自ら責任を負う

批判的なフィードバックがトラウマ的に感じられるのは、それが私たちの最も根本的な心理的ニーズ、すなわち、安全（身体的、社会的、または物質的な安心感）と価値（自尊心、自己愛、または自信）を脅かすからである。

まず、安全を考えてみよう。

フィードバックには、経済的な脅し（「クビにしてやる」）、人間関係の脅し（「君とは別れる」）、あるいは身体的脅し（「ぶん殴ってやる」）が含まれる場合がある。そのような場合の正しい反応は、恐怖だ。

だが、私たちが集めた四四五件の事例を見る限り、フィードバックからそのような差し迫った脅威が感じられることは滅多にない。ほとんどの場合、受け手を危険にさらすのは、フィー

ドバックそのものではなく、フィードバックに対する受け手自身の防衛反応や、けんか腰の反応、あるいは怒りに満ちた反応だ。

では、価値はどうか。

真実を知ることがプラスになるなら、なぜそれが恥や恐怖や怒りの感情を引き起こすのか。それは私たちが、自分には価値がないという恐怖を心の底に抱えて生きているからであり、フィードバックはそれをあぶり出すからだ。

回答者の多くは、フィードバックを伝える人物に悪意の動機があると、痛みは大きくなると語った。だが実際には、動機は無関係だ。

私たちのほとんどは、目上の人からの承認を切望している。こうした人たちの承認が得られれば、自分は力不足ではないか、という長年の不安がおさまるかもしれないと、密かに期待しているのだ。しかし、そうはならない。

私は長年、人が厳しいフィードバックを受け入れるのを助ける最善の方法は、そのフィードバックの伝え方を変えることだと考えていた。だがいまは、それは間違いだったと確信している。肝心なのは、物事を「正しく」伝える方法を考えることではなく、どのように伝えられようと、厳しいフィードバックのなかから真実を見出せるようになることだ。

そのために必要なのは、誰もが自分自身の安全と価値に対して、自ら責任を負うことである。

私はこの三年間、ユタ州ソルトレークシティの非営利団体ザ・アザー・サイド・アカデミー（TOSA）と協力して研究してきた。TOSAの自立支援コミュニティには、長年にわたり犯罪や薬物依存や路上生活に苦しんできた成人男女約一〇〇人が暮らしている。彼らの人生の大きな糧となっているのが、フィードバックである。容赦なく真実にさらされることが、成長と幸福に至る最善の道のりだというのが、TOSAの基本的な考え方なのだ。

TOSA滞在者は週に二度、「ゲーム」と呼ばれるプロセスに参加する。これは二時間にわたるノンストップのフィードバックで、騒々しくなることもあるし、粗野で下品な言葉が使われることもある。時にはある一人が二〇〜二五分にもわたり、約二五人の仲間の集中砲火にさらされることもある。

彼らは証拠を示しながら、その人物が不正直で、人を操り、怠惰で、自分勝手で、意地悪だと主張する。礼儀正しく、オブラートに包んでメッセージを伝えようとする努力は、ほとんどなされない。彼らは、その人物が「ゲーム（あざけり）を受け入れる」ことにより、学ぶことを助けているのだ。

なかには、自己防衛的な反応を示す人もいる。自分が聞きたくないことを言う人たちを避け、拒絶し、あるいは厳しく非難する。だが、ほとんどはそうした反応を示さない。彼らはすぐに、自分こそが安心の最大の拠り所であることに気がつく。

自分はこのチャレンジを乗り越えられると信じ、自分を安心させることが平穏を取り戻す最速の道であり、この自己効力感を高める最善の方法は、フィードバックから真実を見出すことだ。フィードバックは真実か、間違っているか、多くの場合、両方のミックスである。たとえ真実に傷ついたとしても、それを知っているほうが、知らないよりもダメージは浅い可能性が高い。したがって真実を学ぶことは、「常に」プラスになる。

私がTOSAの滞在者たちから学んだことは、批判から立ち直るレジリエンス（再起力）の重要性だ。そこで、今度きついフィードバックをもらった時にぜひ試してもらいたい、四つの対策を紹介しよう。ストレスにさらされた時も思い出しやすいように、四つの頭文字を取って「CURE」（キュア）と名づけてみた。

①落ち着く（Collect yourself）

ゆっくり深呼吸をすると、自分は安全なのだと思い出すことができる。そして、物理的に身を守るために構える必要はないことを教えてくれる。

自分の気持ちを理解することも、心を落ち着かせる助けになる。あなたは傷ついたのか、怯えているのか、困惑しているのか、それとも恥ずかしく思ったのか。こうした一次感情とのつながりが大きければ大きいほど、怒りや防御や誇張された恐怖といった二次的影響に飲み込まれにくくなる。

なかには、「これは私を傷つけない。私は安全だ」とか「私は『間違った』けれど、私という『存在』が間違いであるわけではない」など、自分を安心させる真実を繰り返し唱えることで、自分の気持ちを落ち着かせる人もいる。

②理解する（Understand）

好奇心を持とう。質問をして、事例を聞こう。そして、ひたすら耳を傾けること。その時に言われることを、自分とは切り離して考えよう――まるで第三者のことのように受け止めるのだ。そうすれば、自分が耳にしていることを評価しないで済む。優秀な記者のように、何が起きているかを理解することに集中すればいい。

③回復する（Recover）

この段階では、会話から抜けるのが一番いいことが多い。じっくり考える時間が少し欲しいこと、機会ができたら返事をすることを説明しよう。自分が耳にしたことを感じ、立ち直ってから、その内容を評価すればいいのだと、自分に許可を与えよう。

ＴＯＳＡの滞在者たちは、「ちょっと考えてみます」と言うことがある。それは同意でも反論でもない。ただ、言われたことを自分のペースで誠実に考えるという約束だ。「私にとって、これを正しく理解することは重要です。結論が出たらお知らせします」と言えば、苦しい状況にピリオドを打つことができる。

④関与する（Engage）

自分が言われたことを分析しよう。自分は安全で価値があると、自分を安心させることができたら、フィードバックの粗探しをするのではなく、そこに真実が含まれているかどうか探ろう。九〇％は表面的なことで、一〇％が中身のあることだったら、その一〇％を探そう。たいていの場合、人があなたについて言うことには、少なくともわずかな真実が含まれているものだ。それが見つかるまで、メッセージを探ろう。そして適切なら、そのフィードバックをくれた人に再び関与して、自分が聞いたこと、自分が認めること、そして自分がやると決意したことを確認しよう。

それは、あなたの見解をシェアすることでもある。相手の承認を得る必要がなければ、自己防衛的になる必要もない。

＊　＊　＊

フィードバックならぬ「フィードスマック」をされた時の惨めな気分は、もっとディープな問題が存在する証拠であることがわかってきた。このディープな問題を認めて、対処すれば、感情的なトラウマにうまく対処できるようになるだけでなく、人生の試練にもうまく備えることができるだろう。

ジョゼフ・グレニー（Joseph Grenny）

社会科学者。ビジネス・パフォーマンスについての優れた論評で知られる。革新的な企業研修とリーダーシップ開発で知られるバイタルスマーツの共同創設者でもある。共著に『インフルエンサー』『クルーシャル・カンバセーション』（ともにパンローリング）などがある。

9

キャリアの成功に欠かせない
レジリエンス「三つの要素」

ローラ・モーガン・ロバーツ
Laura Morgan Roberts
アンソニー・J・メイヨー
Anthony J. Mayo
ロビン・イーリー
Robin Ely
デイビッド・トマス
David Thomas

"Beating the Odds,"
HBR, March-April 2018.

マイノリティがキャリアで成功するために必要な力

上位企業のCEOのリストを見ると、ダイバーシティの欠如には驚くばかりである。フォーチュン500企業のなかで、女性のトップはわずか三二人だ。アフリカ系米国人はどうかといえば、先頃ケネス・シュノールトがアメリカン・エキスプレスのCEOを退任したため、たった三人になった。女性のアフリカ系米国人となると皆無である。これはどうしたことか。

ハーバード・ビジネススクール（HBS）にアフリカ系米国人学生組合が結成されてから、この春（二〇一八年）で五〇周年を迎える。これを記念して、私たちは一九〇八年のHBS設立以降、同校を卒業した約二三〇〇人のアフリカ系米国人のキャリアを調べた。このなかから、一九七七年から二〇一五年の間に卒業した五三二人のアフリカ系米国人女性を特定した。

私たちは、そのうち企業で会長、CEO、その他の経営幹部職、あるいはコンサルティングなどのプロフェッショナル・サービス会社で、シニア・マネージングディレクターかパートナーの職に就いている、六七人のキャリアパスを分析した。またこの六七人のうち二〇人に、インデプス・インタビューを実施した。

この女性たちは、どのようにして逆境に打ち勝ったのだろうか。彼女たちは就職への準備が怠りなく、競争力がきわめて高いことは間違いない。私たちのデータによると、彼女たちは同僚やアフリカ系以外の同級生よりも、名門校で長期にわたり高等教育を受けている。

しかし、米国企業で頂点を極めたあらゆる人材と同じように、彼女たちがそこまで到達できたのは、単に個人の強みや才能のせいではない。その強みと才能を進んで認識し、支え、育てる能力のある他者がいたからだった。本稿では、成功のこの両方の要素について論じていきたいと思う。

ビジネスリーダーたちが、進出度が低いグループの人材を登用しようとして苦労するケースがしばしば見受けられるが、彼らが苦労するのは、自らが成功するに至った道筋を土台にして育成戦略を立てるからである。彼らは有能な人材を見抜き、サポートするのに長けていると信じている。ところがそのサポート方法は、「五年前の私はこんな感じでした。その次の段階に達するために身につける必要があった能力は○○です」というように、自身の経験に基づいている。

研究から判明したのは、企業リーダーが人の才能を鋭く見抜き、育成ニーズをよく理解できるのは、それが自分のニーズや才能と似ている場合である。彼らは、自分とは異なる才能を目にすると、それを見逃したり、どのように育成してよいのか戸惑ったりすることが多い。

そのため、この研究では、以下のような質問をした。

- リーダー志望の人、特に有色人女性をはじめとする進出度が低いグループの人は、とても成功しているアフリカ系米国人女性のキャリアから、どんなことが学べますか。
- 企業リーダーたちは、黒人女性の才能を見抜き、育成する方法に関してどんなことが学べますか。
- そしてそれらの教訓から、さらに、一般的に進出度が低いグループの人材の育成方法に関して、どんなことが学べますか。

簡単に言うと、成功するために何が必要かへの答えは、一つの受容力に要約される。それは、レジリエンス（再起力）である。

たしかにレジリエンスは過去一〇年間に、性格の美点として幅広く称賛されてきた。また人種やジェンダーを問わず、どんな人の成功例においても重要な役割を果たしている。しかし、インタビューしたアフリカ系米国人女性では、他のグループよりもこの資質が大きく物を言っているようだった。それは彼女たちが、人種、ジェンダー、その他の属性の組み合わせから生じる障害や挫折に直面する頻度が高いからだ。そのたびに彼女たちは立ち直り、障害などにかき乱されたり、脱線させられたりすることを拒否して前進を続けた。

ある回答者はこのように説明する。「落ちこぼれにならずに済むためには、周りの誰よりもお利口か、足が速いか、高くジャンプできるか、よい子でなければならないと、私たち全員が言い聞かされてきました。それは幼い頃から親や先生、メンター、教会から学んだ教訓でした。そんなわけで、そういう心構えで（仕事に）就くのです」

この研究の対象となった女性たちは、レジリエンスのカギを握る三つの要素を伸ばしていた。それは、「感情的知性」（ＥＩ）、「自分を偽らない」（オーセンティシティ）、「敏捷性」（アジリティ）である。彼女たちは感情的知性の使い手になり、組織内の人間関係や政治的な力関係を読み取ることに長けるようになった。また、自分の能力や幸福感に害を及ぼすおそれのある状況に対して、上手な受け止め方ができるようにもなった（一部の学者は、こうした状況を「アイデンティティ摩擦」と呼ぶ）。

彼女たちは、しっかりした自己認識と自己のアイデンティティを形成する能力により、自分を偽ることなく本物のリーダーシップを発揮した。そして、さまざまな障害（自信の喪失や厳しい周囲の目など）を学習や育成の機会、究極的には期待を上回る実績を示す機会へと巧みに変換させて、自己の能力のなかにある敏捷性を示した。

これらのスキルは、どんな人のキャリアを発展させるのにも役立つ。すべてのプロフェッショナルと彼らが働く組織は、感情的知性（ＥＩ）を養い、自分を偽らず（オーセンティシティ）、敏捷性（アジリティ）を育てて活用することからメリットが得られるのだ。

これらのスキルはどんなキャリアにも必要なものだが、特にこれまで不利であったグループの人材にとっては不可欠である。その意味で、私たちがインタビューした女性たちのストーリーが、進出度が低いグループのなかの若い世代で、どんな種類のキャリアパスが自分にとって意味があるのかまだ決めかねている人材を触発してほしいと思う。企業の最上層部への進出度は残念ながらまだ低いが、以下のストーリーは、要職に就くためのロードマップとなり、そこから将来のＣＥＯが生まれるであろう。

「目立ってしまうこと」と「目に入らないこと」の葛藤

レジリエンスを発揮するのに欠かせないスキルの話に移る前に、研究対象となった女性たちが直面した最大の課題を見てみよう。目立つ存在であることも、目に入らない存在であることも両刃の剣だということだ。

一面では、組織における例外的な存在であるために、アフリカ系米国人女性は目立つ。ある財務部門の幹部は、「私は常に、唯一の黒人でした」と語った。「文字通り最初の二〇年間は、日常の業務で私以外の黒人は目にしませんでした」。

また、自分は「陳列」されているかのように感じたと回答した女性も多かった。そんなふうに感じると、自意識が表に出ないようにするのかもしれない。ある最高投資責任者は、「ほんのちょっとした間違いも犯さないように懸命になります」と語った。

ある意味で、人種とジェンダーゆえにこれらの女性は脚光を浴びる。それに疲労困憊させられることもあるだろう。一種の有名税だが、大半の従業員は支払う必要はないのだ。さらに過度な注目により、キャリアが簡単に狂わされる、とする声も一部にあった。

とはいえ、彼女たちがとても目立つことにメリットを感じる時もある。ある投資会社の副会長は、「会議室に入っていくと黒人は私一人、というケースが人生のなかでたくさんありました。しかし、すぐにそれは有利なことなのだと考えるようになりました」と語った。「なぜなら、私を見てくれるからです。話を聞いてくれるからです」

「皆、なぜ私が会議室に入ってきたのだろうと考えています。それは、注目を集めるチャンスなのです。後はそのチャンスをつかむだけです」

ところがその一方で、黒人女性は、自分はいるのかいないのかわからないような存在のように感じさせられることもある。新しい仕事に就いたばかりの頃、秘書や給仕係に間違えられたこともあるという回答もあった。このように自分の「身分」を間違えられると、しばしば気まずい事態になる。ただ会議室はどこなのかを尋ねたり、必要なリソースにアクセスしたりするだけなのに、自分は誰で、どんな資格があるのか説明しなければならなくなる。

このように、軽視されたり、見くびられたりしたことに思い悩む代わりに、それを逆手に取る人たちもいた。もし同僚から過小評価されたら、期待を上回ることは簡単だ。相手の立場を脅かす存在だと思われなかったら、いち早く昇進する道を見つけられるかもしれない。

メディア業界のあるゼネラルマネジャーは、手ごわいと見られている同僚は呼んでもらえない会議への出席を許されたと語る。彼女は、「上の人たちは、『もちろん出席していいですよ』と言います。なぜなら、私に能力があるかどうか、よくわかっていなかったからです」と述べた。「私が出席し、後に彼らがほしがっていた仕事をさらっていくことになると知っていたら、彼らは多分、だめだと言っていたでしょうね」

きわめて目立つか、まったく目につかないかの両極端の扱いを経験すると、精神的な痛手を感じることもあるだろう。一挙一動に視線を感じる場合も、まるで無視される場合も、いずれも自尊心が傷つく。しかし、この女性たちはレジリエンスを高めており、一貫してこの矛盾を巧みに回避することができた。しかも同時に、対峙した障害をチャンスに変えていくことも多かった。

レジリエンスを高める三つのカギ

彼女たちのレジリエンスが、冒頭で挙げた三つの要素――感情的知性（ＥＩ）、自分を偽らない（オーセンティシティ）、敏捷性（アジリティ）──によってどのように補強され、高まっていったかを見ていこう。

①感情的知性（EI）

このスキルの重要な要素は、自己の感情を管理し、調整する能力である。前途有望な幹部が繰り返し能力を疑われたり、無視されたりした場合に感じる怒りや憤りを思い描くのは難しくない。しかしインタビューに答えた女性たちは、直情的な反応を示すと自分のキャリアを台無しにしかねないと考えてこうした気持ちを我慢し、慎重に考えて建設的な方法で反応する手段を編み出した。

また、他者の感情を察知して戦略的に対応することもうまくなった。フォーチュン100企業の消費財メーカーに勤めるある上級幹部は、「私はその場の空気を読むのが実に上手なのです」と語った。彼女たちは、他者が自分のことをどう思っているか、痛いほど自覚していると言う。これは一種の共感である。

大手投資銀行の副会長は、「自分と距離を置いて、他の人は自分のことをどう見ているのだろうと考えることができなければなりません」と語った。最も重要なのは、他者の見方が自分自身の持つイメージと違っていた場合に心を乱されまいとし、自分はどんな人間なのかの定義をもっと明確にして、保つことである。あるCFOはそのプロセスを、「自分のアイデンティティが確認できるメッセージや人を探し求めなければなりません」と説明した。

感情的知性（EI）は、偏った見方をされがちな人には、ことのほか役に立つ。研究から明らかになっているのは、たとえば成功している黒人女性は、感情表現を一歩間違えるときわめて危険である。昇進したいのはやまやまであっても、「野心的すぎる」と見られたら不利になるかもしれない。しばしば「威圧的」と見られて、ミスをすると自分のせいにされがちである。特にそれがきっかけで、「カッカしている黒人女性」という型にはまった見方をされるようになったら、なおさら不利だ。

金融サービス会社の上級幹部は、「感情的知性はいくら使っても使いすぎることはないと感じているほどです。なぜなら、誰しも偏見があるものですし、それで話し合いの席につくからです。過敏と言えるほど敏感になり、我慢強くあらねばなりません」と語った。

彼女は重ねて、「難しい状況で即座に反応できる人もいますが、私は黒人ですから、自分の反応を調節して、和らげることを意識しています」と語った。彼女はこの能力の良い点と悪い点を振り返り、特に洞察に満ちた発言をした。

「ある意味では、このスキルを育成できたことは素晴らしいことです。しかしその一方で、そうせざるをえなかったのは悲しいことです」

②自分を偽らない（オーセンティシティ）

このスキルは、自分はどういう人間であるかという個人的な意識と、外部への表現の仕方を一致させること、つまり、積極的に自己のアイデンティティを形成し、自分を偽らない方法でそれを示すことができることである。そのためには、感情的知性と同じように、高度な自己認識を必要とする。

『ハーバード・ビジネス・レビュー』（HBR）二〇一八年三月号で紹介されている研究（注1）では、個人的な情報を隠さないことは、自分を偽らずに振る舞ううえで重要な部分であるが、これはマイノリティにとって特にやっかいな問題になりうることが明らかになっている。

インタビューに応じた女性幹部たちは、この問題を克服する方法を見つけていた。それは、自分の意見を率直に出すこと、動機を包み隠さず明かすこと、自己の価値観は絶対に譲れないものであるときちんと声にすること、であった。実を言えば、自己のリーダーシップスタイルを表現するにあたって、彼女たちが最も頻繁に使った言葉のうちの二つが「透明性」と「率直さ」であった。

これらの女性にとって自分を偽らないことは、人種的アイデンティティとリーダーとしての自分の立場に、一貫性を持たせることでもあった。自分のアイデンティティを活用することを会社に求め、アイデンティティを前面に押し出して活動する自由が得られるような役割を、社内に見出した人もいた。そして彼女たちは、これらの役割によってもたらされた注目度を活かして、リーダーとしてより大きなチャンスをつかむことができた。

たとえば、現在は上級投資責任者になっている女性の例を紹介しよう。彼女は、会社にマイノリティが所有する企業に投資するという目標が設定されると、自ら事業を立ち上げ、「企業内起業家」としてリーダー職に就いた。そしてその事業は、同社にとって戦略的に最も重要な投資先となった。突如として彼女のジェンダー、人種、歴史的に黒人の居住区に住んでいるという事実は、誰の目にも明らかな資産となった。その資産により、自分を偽らずにキャリアと取り組むという彼女の姿勢は強化された。

「それは仕事での転機になりました。人と違っている点を普段の職場で話すことができるようになりました。まったく突然、私にしかできない形で職場を変えていったのです」と彼女は語る。他の女性は、事業への情熱と社会的関与を合致させ、世界中の多様なステークホルダーのニーズに対応する、ベンチャー事業を立ち上げた。

③敏捷性（アジリティ）

これはキャリアを通じて常に障害や妨害にうまく対峙し、素早くチャンスに転換する能力である。インタビューに応じた女性たちは、同僚や上司の多くからあまり期待されていないことを意識していた。上級職に昇進した後も、期待は低いままであるケースもあった。

大手慈善団体のCEOは、次のように発言する。「面接で私の履歴書を見て、その通りに受け取ってもらえたことは一度としてありませんでした。いつもこう聞かれました。『本当に資格を持っているのですか』『いま言った通りのことを本当にあなたはしてきたのですか』と。私のキャリアにおいて前職の地位に上り詰めるまでの間、私の能力はずっと疑問視され続けてきたのです」

多くの回答者が、自分の能力をしつこく疑われて不満に思ったのも意外ではない。「私は誤解され、子守りのように扱われ、（男性幹部たちの）性急な意思決定に私一人で対処するか、その後始末をさせられるのです」と、ある上級リーダーは語った。「私がこの職に就いた理由は、私が黒人だからであって、優れているからではないと考える人たちには、いつもうんざりさせられます」

この女性たちはいら立ってはいたが、それで無力になったり、自分たちがどう見られているかに限界を感じていたりするわけではなかった。ある回答者はこう説明する。「自分が誰であるのか、他の人とは違って見えたり、違う振る舞いをしたりしているかもしれないことを痛いほど意識しています。でもそれにはこだわりません」

「会議室に入っていって、私を知らない人が、私の部下を私の上司だと考えたとしましょう。私はそれに気がつきますが、それについて考えたりはしません。そんなことでくよくよしないし、ストレスだと思うこともありません。私が上司だということに他人が居心地の悪さを感じたとしても、そのせいで私が居心地の悪い思いをすることはありません。この態度が、私の役に立っているものの一つだと思います」

人種、ジェンダー、職業的アイデンティティの組み合わせを逆手に取って強みとし、その立場から貢献できる役割を求める人もいる。大手エンタテインメント企業の最高幹部は、「正直に言いましょう。私は、人から見たらたくさんの要件を満たしています。女性、アフリカ系米国人、有名校でＭＢＡを取得。この条件を満たしているのが私です。だからいま、私はここにこうしているのです。ありえないほど理想的な人材です」と語った。

彼女は状況を自信喪失の原因とする代わりに、現実的な目で見つめることにより、自らの利害と企業の利害がいかに一致するかを感じ取った。彼女は素晴らしい職を得て、給料も申し分なく、インパクトを与える機会も手にしている。一方で会社は、輝かしい実績を上げることができ、なおかつ「（ダイバーシティを推進する理想的な企業の）要件を満たす」チャンスをも手にすることができる。

私たちがインタビューしたリーダーたちのほとんどは、トップの座に就くまで月並みではない経路をたどっている。彼女たちのキャリアの特徴となっているのは、思いがけない展開であり、セクター、業界、部門、雇用側の変化に伴い異動や昇進が起こっている。好奇心をそそる機会を求めて学習し、役割や企業が自分を成長させてくれなければ、ネットワークを活用して、新たなチャンスを見極めた。社会人になってからずっと職業に真剣に取り組み続け、個人的な関心事や約束事は二の次にしたり、あきらめたりすることもあった。

あるリーダーは、自分の敏捷性はネルソン・マンデラから得た助言のおかげだとした。

「あなたのキャリアにおいて、いつか誰かがあなたの肩をたたき、あることをしてほしいと頼むでしょう。それはまったく理にかなわないようなことです。しかしそれは、あなたが本当のリーダーシップを発揮して、自身の人生やこの世界に大きなインパクトを与えるチャンスかもしれません」

人間関係の重要性

成功に必要なのは、感情的知性（ＥＩ）、自分を偽らない（オーセンティシティ）、敏捷性（アジリティ）などの個人的な特性だけではない。これらの重要なスキルを誰かが認識し、尊重してもらう必要がある。

数十年にわたる研究から、人間関係を育むこと、肯定的な環境を形成することの重要性が指摘されている。ある上級幹部は、「(会社という)環境で本当にうまくやるためには、誰かがあなたの成功にコミットしなければなりません。こういう関係が非常に重要だということを私は学びました。とにかく一生懸命働き、賢明であればそれで大丈夫だと思っていました。でもそれでは不十分なのです」と述べた。

研究対象となった女性たちはなぜ成功したのか。それを左右したのは、大多数の人と同じように、要となる人々との間に築いた人間関係だった。その人々は、彼女たちの才能を認め、間違いを犯してもそこから安心して学べる環境を与え、業務成績に関して率直かつ行動につながるフィードバックを与えた。そして広く彼女たちを支え、成功のチャンスをつくり出すことを自分の任務とした。

彼女たちの多くは、マネジャー、メンター、スポンサーが彼女たちのなかに可能性を見出し、自らが持てる最高の力を発揮させてくれたことを指摘している。その一例が、「キャリアの早い段階で、孤独を感じず、人から非常に愛される環境にあったのは幸運でした。一緒に働いていた人々、上司だった人々、彼らは、声にすることはありませんでしたが、個人としての私をそれは大事にしてくれました。私の周りに私と同じような種類の人間はいませんでした。彼らはそんな明白な事実を、わざわざ口にすることはありませんでしたが、いつも念頭に置いていてくれました」というコメントである。

こう語った彼女は次のように続けた。「彼らがわざわざしてくれたことがあります。それは、私ができるだけ多くの人と接触できるように間を取り持ってくれたことです。そして、私がまったく出席する必要のない会議にも出席させてくれて、できるだけ私の顔を広めてくれました。『会議に出なさい。ほら、ここに座って。ただ聞いているだけでいいから。そうすればあなたのためになると思うよ』と言ってくれました」

何人かの女性は、マネジャーやメンターに触発されて、自分に何が達成できるかのビジョンが広がったと答えている。そのうちの一人は、「『まだその準備は整っていないと思っているかもしれないが、私にはあなたのポテンシャルが見える。私が言うことを信じなさい』と言ってくれるメンターがいて実に幸運でした。私はその言葉を信じました。彼は、何が可能なのかを私にわからせてくれました。私は何年もの間彼とともに働き、彼のために働き、初めて損益管理の経験を積んで、部門を大きくしました。それは怖くもあり、わくわくすることでもありました」と語った。

また何人かは、キャリアを通して彼女たちを擁護してくれたマネジャーに負うところが大きいと語る。そのうちの一人は、「『この人は、この機会を与えるのに値します。昇給に値します。グローバルな任務に就くのに値します。功績を認めるのに値します』と推してくれる人が必要です」と言う。

このような人間関係は、女性たちがやりがいのある新たな役割を求め、就任するにつれていっそう重要になった。多くのマネジャーは、特に自分と生い立ちや学歴、経歴が異なる従業員と情報を共有するのを怠りがちだ。しかし彼女たちには、このように重要なフィードバックを与えてくれる、信頼できるアドバイザーがいた。

ある女性は、「私には正しい種類のフィードバックを与えてくれる適任のメンターがいました。そして私にはそれを聞く心構えがあったと思います」と述べた。これらの助言者は支援と上空からの援護を与えて、多くの女性がキャリアの軌道から逸脱することなく、間違いから学べるようにした。ある女性エグゼクティブが別の国で事業を立ち上げた時、その成功は「私のことを本当に買ってくれている」ＣＥＯによって支えられたと彼女は語った。「彼は、けっして私に失敗させない覚悟でした。どんなことがあっても」

＊　＊　＊

上級幹部層にアフリカ系米国人女性が占める割合が低く、立派な学歴や業務履歴をもっていても苦戦を強いられる場合、往々にしてその組織はもっと大きな問題を抱えているということだ。全従業員に成長のチャンスを等しく与えることを怠っている、という問題である。

企業における女性とアフリカ系米国人の経験談のほとんどは、脱線、伸び悩み、離職に終始し、アフリカ系米国人女性となればなおさらだ。私たちインタビューした女性たちが身をもって示したように、この状況は変えていかなければならない。しかしそのためには非凡な能力、不屈の精神、逆境を乗り越えるための支えが必要である。

この研究から得た洞察は、アフリカ系米国人や女性にとって重要であるが、それだけではない。さまざまな研究が繰り返し示してきたこと、すなわち組織のダイバーシティは、組織にとっての強みであることを認識しているマネジャーにとっても、不可欠である。

ローラ・モーガン・ロバーツ（Laura Morgan Roberts）
ジョージタウン大学教授。

アンソニー・J・メイヨー（Anthony J. Mayo）
ハーバード・ビジネススクール上級専任講師。

ロビン・イーリー（Robin Ely）
ハーバード・ビジネススクール教授。

デイビッド・トマス（David Thomas）
モアハウス大学学長。

この研究について

HBSのアフリカ系米国人学生組合設立五〇周年を記念する研究プロジェクトとして、一九〇八年の設立以降のアフリカ人を祖先とするすべての卒業生約二三〇〇人のデータベースを構築した。一九七七年から二〇一五年の間に卒業した一八二一人のうち、リンクトイン、ブルームバーグのバイオグラフィ、卒業生記録、その他の公的な情報源を利用して、一三八一人の全職務履歴が収集できた。そしてどのような経路をたどって上級職に就いたかを理解するため、これら一三八一人のキャリアに関して深く掘り下げた調査を行った。

その結果、このグループ内の五三二人の女性のうち、上級幹部のレベルに到達しているのはわずか六七人、すなわち約一三%であることを突き止めた（対照的に、同一サンプルの非アフリカ系米国人のHBS卒業者の四〇%は上級幹部職に就いていた）。私たちはこれら六七人の女性と接触し、三〇人を対象としたインデプス・インタビューを行った。

Health: A Study on Coach Drivers," *Ergonomics* 42, no. 4 (1999): 573–583.
2） American Academy of Sleep Medicine, "Insomnia Costing U.S. Workforce $63.2 Billion a Year in Lost Productivity," *ScienceDaily*, September 2, 2011.
3） C. S. Andreassen et al., "The Relationships Between Workaholism and Symptoms of Psychiatric Disorders: A Large-Scale Cross-Sectional Study," *PLoS One* 11, no. 5 (2016).
4） C. S. Andreassen et al., "Psychometric Assessment of Workaholism Measures," *Journal of Managerial Psychology* 29, no. 1 (2014): 7–24.
5） Arianna Huffington, *The Sleep Revolution*, Harmony, 2016.（邦訳『スリープ・レボリューション―最高の結果を残すための「睡眠革命」』日経BP）
6） "What Is Homeostasis?" *Scientifi c American*, January 3, 2000.
7） F. R. H. Zijlstra et al., "From Recovery to Regulation: An Attempt to Reconceptualize 'Recovery from Work'" (special issue paper, John Wily & Sons, 2014), 244.
8） Amy Blankson, *The Future of Happiness*, BenBella Books, 2017.
9） J. Stern, "Cellphone Users Check Phones 150x/Day and Other Internet Fun Facts," *Good Morning America*, May 29, 2013.
10）S. Achor, "Are the People Who Take Vacations the Ones Who Get Promoted?" *Harvard Business Review* online, June 12, 2015.

7. 地に堕ちたリーダーはいかに復活したか

1） Joseph Campbell, *The Hero with a Thousand Faces*, Pantheon Books, 1949.（邦訳『千の顔をもつ英雄〈上・下〉』人文書院）
2） Monica Langley, *Tearing Down the Walls: How Sandy Weill Fought His Way to the Top of the Financial World. ... and Then Nearly Lost It All*, Free Press, 2003.
3） Harvey MacKay, *We Got Fired!:...And It's the Best Thing That Ever Happened to Us*, Ballantine Books, 2004.

9. キャリアの成功に欠かせないレジリエンス「三つの要素」

1） Katherine W. Phillips, Tracy L. Dumas, and Nancy P. Rothbard, "Diversity and Authenticity," *Harvard Business Review*, March-April, 2018.（未訳）

注

1. レジリエンス（再起力）とは何か

1） Jim C. Collins, *Good to Great*, William Collins, 2001.（邦訳『ビジョナリー・カンパニー2 飛躍の法則』日経BP）

2） Viktor Frankl, *Man's Search for Meaning*, 1946.

3） Karl E. Weick, "The Collapse of Sensemaking in Organizations: The Mann Gulch Disaster," *Administrative Science Quarterly*, December 1993.

2. 日常的なストレスから身を守る簡単エクササイズ

1） Martin E.P. Seligman, "Building Resilience," *Harvard Business Review*, April 2011.（邦訳「トラウマを糧にする法」『DIAMONDハーバード・ビジネス・レビュー』2011年7月号）

3. 自分のレジリエンスを評価、管理、強化する方法

1） R. Emmons, "Why Gratitude Is Good," *Greater Good*, November 16, 2010.

2） Martin E. P. Seligman, Trancy A. Steen, Nansook Park, and Christopher Peterson, "Positive psychology progress: empirical validation of interventions," *The American Psychologist*, July-Auggust, 2005; 60(5):410-21.

3） Nicholas Christakis, James Fowler, *Connected: The Surprising Power of Our Social Networks and How They Shape Our Lives*, Little, Brown and Company, 2009.（邦訳『つながり―社会的ネットワークの驚くべき力』講談社）

4） Blackhawk Engagement Solutions, "The Happiness Study", 2015.

5） A. D. I. Kramer et al., "Experimental Evidence of Massive Scale Emotional Contagion Through Social Networks," *Proceeding of the National Academy of Sciences of the United States of America* 111, no.24 (2014): 8788-8790.

4. 人生の悲劇から立ち直る力

1） Sheryl Sandberg and Adam M. Grant, *Option B: Facing Adversity, Building Resilience, and Finding Joy*, Knopf, 2017.（邦訳『OPTION B―逆境、レジリエンス、そして喜び』日本経済新聞出版社）

2） Sheryl Sandberg, *Lean In: Women, Work, and the Will to Lead*, Knopf, 2013.（邦訳『LEAN IN―女性、仕事、リーダーへの意欲』日本経済新聞出版社）

5. レジリエンスに必要なのは、忍耐ではなく回復のための時間

1） J. K. Sluiter, "The Infl uence of Work Characteristics on the Need for Recovery and Experienced

『Harvard Business Review』（HBR）とは

ハーバード・ビジネス・スクールの教育理念に基づいて、1922年、同校の機関誌として創刊された世界最古のマネジメント誌。米国内では29万人のエグゼクティブに購読され、日本、ドイツ、イタリア、BRICs諸国、南米主要国など、世界60万人のビジネスリーダーやプロフェッショナルに愛読されている。

『DIAMONDハーバード・ビジネス・レビュー』（DHBR）とは

HBR誌の日本語版として、米国以外では世界で最も早く、1976年に創刊。「社会を変えようとする意志を持ったリーダーのための雑誌」として、毎号HBR論文と日本オリジナルの記事を組み合わせ、時宜に合ったテーマを特集として掲載。多くの経営者やコンサルタント、若手リーダー層から支持され、また企業の管理職研修や企業内大学、ビジネススクールの教材としても利用されている。

岡田美智男（おかだ・みちお）

豊橋技術科学大学 情報・知能工学系 教授。福島県生まれ。東北大学大学院工学研究科博士後期課程修了後、NTT基礎研究所、国際電気通信基礎技術研究所（ATR）、京都大学大学院情報学研究科客員助教授等をへて、2006年より現職。子どもたちの手助けを引きだしながらゴミを拾い集めてしまう〈ゴミ箱ロボット〉、モジモジしながらティッシュを配ろうとする〈アイ・ボーンズ〉、昔ばなしを語ろうとするもときどき物忘れしてしまう〈トーキング・ボーンズ〉など、〈弱いロボット〉たちと人とのコミュニケーションや関係性を研究。専門はコミュニケーションの認知科学、ヒューマン・ロボットインタラクション、ソーシャルロボティクス。編著書に『〈弱いロボット〉の思考』『弱いロボット』『ロボットの悲しみ』『口ごもるコンピュータ』など。https://www.icd.cs.tut.ac.jp/

ハーバード・ビジネス・レビュー［EIシリーズ］
レジリエンス

2019年11月6日　第1刷発行

編　者――ハーバード・ビジネス・レビュー編集部
訳　者――DIAMONDハーバード・ビジネス・レビュー編集部
発行所――ダイヤモンド社
〒150-8409　東京都渋谷区神宮前6-12-17
http://www.diamond.co.jp/
電話／03･5778･7228（編集）　03･5778･7240（販売）
ブックデザイン―コバヤシタケシ
製作進行――ダイヤモンド・グラフィック社
印刷――――勇進印刷（本文）・加藤文明社（カバー）
製本――――ブックアート
編集担当――前澤ひろみ

ISBN 978-4-478-10497-2